마흔의 품격

마흔의 품격

40
부터는
무엇이
나를
살아남게
하는가

김철영 지음

이전과는 전혀 다른 품격을
찾아가야 할 40대에게

"우리 회사 희망퇴직 공지 떴다. 나 이제 어떡하냐?"

오랜만에 친한 친구에게서 전화가 왔다. 그러나 반가움도 잠시, 맥 빠진 목소리로 전해 온 소식에 깜짝 놀라고 말았다. 벌써 우리 나이가 희망퇴직을 논하는 나이가 된 건가 하고.

친구가 다니는 회사는 탄탄하다고 소문난 회사였다. 물론, 코로나가 터지기 전의 이야기다. 2021년 말까지 2년이나 지속된 코로나에 그 탄탄한 회사도 휘청였고 그렇게 끝내 희망퇴직을 실시하기로 한 것이다. 친구의 말에 따르면, 40대 이상 장기 근속자가 희망퇴직 1순위라서 대부분의 차부장급들은 이미 신청을 한 상태라고 했다. 친구 역시 직간접적인 압박을 받는지 괴롭다고 연신 하소연을 했다.

이런 상황에 나름 직장 생존 전문가로 활동해온 나조차 해줄 말이 없었다. 당장 희망퇴직을 하고 관두라고 하기엔 그 후 뾰족한 대책이 없고, 그렇다고 남아서 버티라고 하기엔 친구가 자존심 상할 일들만 겪을 것 같았다. 아마 친구 역시 이러지도 저러지도 못하는 그 상황에

답을 못 찾아 나에게 전화를 했을 텐데, 마음이 무거웠다.

2014년, 당시 30대 후반이었던 나는 잘 다니던 자동차 회사에 과감히 희망퇴직을 신청했다. 위로 선배들이 많아서 굳이 나서야 하는 상황은 아니었지만, 사내 부조리와 비합리적인 모습에 실망하고 지쳐갈 즈음이라 회사를 떠나기로 결심한 것이다. 이 결심에 큰 부분을 차지한 것은 위로금으로 지급되는 2년치 연봉과 퇴직금이었다. 별 부담 없이 새로운 도전을 할 수 있을 것만 같았다. 그 당시《익숙한 것과의 결별》[1]과 같은 책들을 읽으며 경제적으로 자유로운 삶을 동경하고 있었기에 의욕도 넘쳤다. 지금 생각해보면 무모하다고밖에 할 말이 없는 그 결정 덕분에 7년이 넘는 시간 동안 무수히 많은 일들을 겪어야 했다.

희망퇴직 후 처음으로 시작한 일은 인재 육성 사업이었다. 기업이나 기관을 위한 교육 프로그램을 설계하고 직접 강의도 했었는데, 결과는 '6개월간 매출 0원'. 첫 사업은 이렇게 처참한 성적표만 남긴 채 폐업 신고로 마무리되었다. 이후에는 궁여지책으로 후배가 운영하는 사무실에서 영업 실장 역할을 하며 소위 말하는 빌딩 타기[2] 등 온갖 일을 도맡으며 후일을 도모해야 했다.

그 일을 1년 정도 하다가 작가와 강사에 도전했다. 직장인을 위한 다양한 생존 전략을 콘텐츠로 만들어 꽤 공격적으로 SNS 마케팅을 펼쳐나갔다. 책을 출간한 후에는 여기저기 방송에도 출연했고, 마케팅

---

1 구본형 저, 을유문화사, 2007.12.15.
2 한 건물에 있는 모든 사무실을 돌며 명함을 뿌리는 영업

경험을 바탕으로 나와 같은 프리랜서들을 위한 퍼스널 브랜딩Personal Branding 전문가로도 활동했다. 무척이나 즐거웠고 의미 있는 시간이었지만, 아무리 열심히 일해도 수입은 들쭉날쭉했다. 마음속에 행복과 불안이 동시에 자리했던 시기였다.

그런 한계를 느끼던 중 평소 나의 마케팅 활동을 눈여겨보던 지인의 추천으로 국내를 대표하는 컨설팅 기업의 마케팅 팀장 자리를 제안받았다. 안정된 생활을 하면서도 새로운 도전을 할 수 있는 기회라는 생각이 들었다. 결국 희망퇴직 이후 5년 만에 다시 직장인으로 돌아왔다.

그로부터 3년 가까운 시간이 흘렀다. 지난 시간을 되돌아보면 인생은 생각지도 못한 방향으로 흐른다는 말이 진리인 듯하다. 희망퇴직을 하기 전에 내가 이런 과정들을 거치게 될 것이라고 상상조차 할 수 있었을까?

정말 다행인 건 이 모든 일을 겪으면서 나만의 중요한 생존 자원들이 생겼다는 사실이다. 사내 술자리 문화에서 파생되는 다양한 인간관계 문제에 대한 해법을 고민해 책을 냈고, 직원이 결국 조직 문화의 핵심이라는 사실을 파악하여 '한국형' 조직 문화 형성 전략에 관한 책을 내기도 했다. 나아가 다양한 강의와 상담을 통해 여러 회사의 수많은 직장인을 만나고 그들이 겪은, 또 내가 겪은 생존 문제에 나만의 돌파법을 만들어낼 수 있었다.

나도 마흔이라는 숫자를 코앞에 두었던 서른아홉 겨울에 정말 고민이 많았다. 한 일도 많고 이룬 것도 많았다. 그러나 이제는 그저 치열하게 사는 게 다는 아니란 생각이 들었다. 젊은 시절엔 지금 당장 생존하는 게 가장 중요한 과제였다면 마흔부터는 뭔가 달라야 했다. 더어른으로서, 앞으로도 오래가는 경쟁력을 가진 사람이어야 한다고 믿었다. 어디에 있든 살아남는 40대, 누구와 함께 있든 잘 어울리는 40대, 한자리에 안주하지 않고 가진 걸 더욱 발휘하는 40대여야 한다는 생각이었다. 그것이 곧 마흔이 갖춰야 할 진짜 품격이었다.

마흔의 품격은 코로나19가 가져온 위기 속에서 더욱 빛을 발한다. 한쪽에선 잘나가던 사람이 한순간에 무너지고 한쪽에선 의외의 능력이 각광받는다. 지금까지 유지된 게임의 룰들이 더 이상 통하지 않을 것만 같다. 어디서 무엇이 어떻게 변할지 모르는 극도의 불안 증식 시대. 그런 시대일수록 어떤 파도가 밀려오든 맞서다 부러지지 않고 그흐름에 올라타 더 멀리 갈 수 있는 품격이 필요한 것이다.

코로나 이후 등장한 수많은 책들은 다양한 사례와 연구 결과를 바탕으로 '대변혁의 시대'가 왔음을 알리며 변화 적응을 위해 지금까지쌓아온 것들은 싹 잊어버리고 새롭게 '리셋'하라고 주장했다. 그런데마흔에 인생 리셋이라니. 누가 감히 쉽게 도전할 수 있을까? 복잡하게뒤엉킨 세상에서 그게 과연 가능한 일일까? 이런 혁신 강박은 당장의생존은 가능하게 해줄지언정 오래 지속 가능한 경쟁력이 될 수 없다.

나는 같은 처지를 조금 먼저 겪어본 사람이다. 그 결과로 얻은 깨달음과 생생한 조언을 나눈다면 조금이나마 40대가 느낄 불안이 해소

되지 않을까 하여 이 책을 집필하게 되었다.

현재의 삶은 과거로부터 자유롭지 않다. 아무리 강렬한 각성을 했다고 하더라도 과거와 현재 사이의 연결 고리를 끊을 수 없다. 이는 한 걸음씩 밟아나가는 과정을 생략한 채 화려한 미래를 기대할 수 없다는 말과 같다. 그러므로 이 책에서는 제로부터 다시 시작하여 새로운 품격을 쌓으라는 말 대신, 과거와 현재의 연결 고리를 정확히 진단해 내 안의 생존 자원과 핵심 역량을 탐구하여 이를 토대로 어디에서나 불안하지 않게 살아남는 품격을 쌓자고 말할 것이다.

살아온 시간이 헛된지 아닌지를 품평하는 과정은 무시한다. 현재를 살아 미래를 채우는 것이 중요하기에 품평은 무의미하다. 다만, 지난 시간 속 내 안에서 무럭무럭 자라온 여러 자원들을 정확히 파악해 공고히 하는 것은 매우 유의미하다. 그 자원들을 바탕으로 유연하게 헤쳐나갈 때 마흔은 결코 모든 게 무너지는 싱크홀이 아닌 더욱더 단단하게 올라가는 계단이 될 것이다.

이전과는 다른 시대를 살아갈 40대의 품격을 찾기 위해 이 책에서는 1부터 4부까지 이야기를 전개하고자 한다.

1부에서는 X세대라는 말로 대표되는 40대가 겪고 있는 현실을 바탕으로, 지금의 40대에게 필요한 핵심 품격 요소 다섯 가지를 살펴본다. X세대 이전의 세대에게 품격은 거리감을 만드는 도구였다면 이젠 품격이 주변을 아우르는 도구임을 설명할 것이다.

2부에서는 40대가 겪을 수 있는 대표적인 인생 시나리오 세 가지를 통해 품격이 있고 없고가 마흔의 경쟁력을 얼마나 좌우하는지 알아본다.

3부에서는 본격적으로 품격을 세팅하기 위한 자기 점검을 실시한다. 나의 핵심 역량과 브랜드 컨셉을 찾고 강화 또는 보강하는 여정으로, 넥스트 코로나 시대에 살아남는 40대의 경쟁력을 찾아본다.

4부에서는 효과적으로 마흔의 품격을 키우고 오래가는 경쟁력을 확보해나갈 수 있게 하는 5개의 Re-솔루션을 소개한다. 매우 구체적이며 실행 가능한 솔루션들이기 때문에 당장 도전해볼 만하다.

코로나19라는 거대한 쓰나미가 할퀴고 간 상처는 쉽게 아물지 않을 것이다. 그 속에서 삶의 터전이 무너져 좌절의 시간을 보내고 있는 40대에게는 미래가 더욱 무겁게 다가올 것이다. 무언가를 새롭게 시작하기도, 하던 일을 과감히 포기하기도 두려울 뿐이다. 그러한 고민으로 스스로 함몰되어가는 이 시대 40대에게 이 책이 오래 살아남는 비장의 무기를 찾는 계기가 되길 바란다.

2022년 김철영

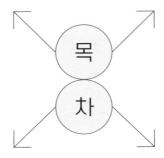

목
차

 1부 "지금까지 쌓아온 것들이 무너지지 않을까?"
불안에 빠진 불혹에게 필요한 품격

"무엇이 나를 살아남게 할까?"
인생 시나리오로 알아보는 품격의 힘

4부 \ "마흔, 더욱 품격 있게 살려면 무얼 해야 할까?"
품격을 넓히는 5 Re-솔루션

1

"지금까지 쌓아온 것들이 무너지지 않을까?"

불안에 빠진
불혹에게
필요한 품격

많은 것이 무너지기 시작하는 40대,
그들에게 필요한 건 무엇일까?

40대,
품격을 제대로 봐야 할 시간

작년, 아버지의 장례식이 끝난 후 친한 친구들과 술잔을 기울인 적이 있었다. 자리에 함께한 친구 중 부모님이 모두 살아계신 친구는 단 한 명도 없었다. 이제 부모님은 물론이고 배우자, 친구, 형제자매를 떠나보내는 이별의 경험이 다른 사람의 일이 아니었다.

문득, 가수 리쌍이 부른 '변해가네'라는 노래가 떠올랐다. 시간은 그 어떤 역에도 멈추지 않고 가는 기차와 같기 때문에 우리는 좋으나 싫으나 무언가를 보내고 또 얻으며 변화 속에 살아야 한다는 가사가 인상 깊은 곡이다.

40대의 인생을 한마디로 정의하면 이 노랫말 같다. 많은 것이 달라지는 중에 상실의 아픔마저 견디며 사는 시기. 원숙해지라고 변화를 강요하면서도 또 앞으로의 세상에도 적응하길 요구하는 시기. 지난 시간 쌓아온 것도 많지만 그만큼 상실 직전에 있는 것도 많은 시기. 그것이 바로 40대의 삶이다.

여기에 2020년부터 시작되어 근 2년여간 우리 삶을 송두리째 무너뜨린 코로나19는 오히려 40대가 쌓아 올린 것들에 마치 청구서를 내밀듯 더 많은 성장과 선택을 요구했다. 그 청구서에 온당한 값을 치르지 않으면 코로나19는 많은 것을 가져가버렸다.

이토록 불안한 시대에 40대에게 가장 필요한 것은 무엇일까? 나는 감히 '품격'이라 단언한다. 품격이야말로 유혹이 판치는 세상에서 40대를 오래 살아남게 해줄 무기가 될 것이다.

왜 지금 품격인가?

품격이란 '사람 된 바탕과 타고난 성품, 사물 따위에서 느껴지는 품위'를 뜻한다. 그래서 보통 '품격 있는'이라는 말로 수식하는 대상은 조금 고급스럽고 진중하며 고가이거나 쉽게 접할 수 없는 존재가 된다. 사람에겐 품격이 필요하다. 품격이 없는 삶을 살아간다면 성취도 어렵겠지만, 어떤 성취를 하더라도 악취가 나는 볼품없는 성취가 될 뿐이다.

이미 오래전 40대를 지나간 5060에게 품격은 아랫사람이나 혹은 나보다 사회적 지위가 낮은 이들과 거리를 두게 하며 스스로의 위치를 올려주는 도구에 가까웠다. 그래서 과거의 40대에게 품격 있는 어른이란 곧 위기에 쉽게 흔들리지 않고 아랫사람들의 과오를 잘 잡아 고쳐주는 사람이었다. 때문에 권위적인 면모도 있지만 카리스마가 넘치며 가볍지 않고 진중한 모습을 보여주는 게 중요했다. '너와 나는 클래스가 다르다'라는 의미로서 품격을 대했다.

그러나 세월이 흐르고 코로나19라는 거대한 사회 변혁 요인을 맞닥뜨리며 40대의 '품격'에도 엄청난 변화가 찾아왔다. 회사에서의 직급이나 경제적 풍요로움 정도에 따라 자연스럽게 부여되던 품격이 이젠 스스로 쟁취해야 하는 역량이 된 것이다. 지금의 품격은 '오래가는 경쟁력'과 가까운 의미다. 그리고 이 새로운 의미의 품격을 갖지 못하면 살아남을 수 없다.

요즘엔 조직의 허리라는 40대도 언제든 당장 잘릴 수 있고 각종 정보를 바탕으로 창업을 해도 망할 수 있다. 게다가 몇십 년 전보다 사회 분열은 더욱 두드러져서, 아랫세대와 소통은 힘든데 경쟁해야 할 분야는 늘어났다. 40대가 2030에게 배우지 않으면 안 될 것까지 생겼다. 그 세대 간극을 넘지 못하면 빠르게 도태되어버리기까지 한다.

이런 시대에 옛날처럼 품격을 '다른 사람과 나 사이의 차이를 벌리고 나를 위로 올려주는 도구'로 사용할 수 있을까? 아니다. 위로 올리기는커녕 조직 밖으로 내쳐지지나 않으면 다행이다. 그보다는 품격을 나의 바탕을 넓혀 주변과 융화하는 생존 자원으로 대해야 한다. 앞서 살펴보았듯 품격이란 사람 된 바탕과 타고난 성품을 뜻한다. 나의 사람 된 바탕을 넓히고, 타고난 성품 중 발전해야 할 것들을 찾아 발전시키고, 모자란 성품은 고쳐나가는 것이 품격을 얻는 일이다. 그리고 이것이 곧, 새로운 시대를 맞이한 40대에게 필요한 품격 그 자체다.

나는 직장 생존 전문가로서 다양한 마케팅 업무와 강사 활동을 펼치며 직장인들의 흥망성쇠를 지켜봐왔다. 그 수많은 사례 속에서 느낀 바와 나 자신이 경험한 바를 바탕으로 40대에게 꼭 필요한 필수 품격 요소를 정리했다. 사람마다 필요한 품격의 요소는 다르겠지만, 적어도 이 책에서 소개하는 다섯 가지만 장착한다면 오래 지속 가능한 경쟁력을 지닌 40대로 거듭날 수 있을 것이다.

이제 그 요소들을 확인해보자.

가능성을 보는
넓은 시야와 도전정신

"누구에게나 그럴듯한 계획이 있다. 처맞기 전까지는."

타이슨이 해서 더 무시무시한 이 말은 나에게도 큰 임팩트를 남겼다. 지금까지 계획대로 흘러간 일이 거의 없었기 때문이다. 나는 법조인이 되리라 결심하고 20대를 통째로 갈아 넣어 고시 준비에 매진했지만, 결국 성공하지 못했다. 고시 낭인이 되는 건 피해야겠다 싶어서 나이 서른에 뒤늦게 취업을 준비했다. 이미 친구들은 대리로 진급할 시기에 신입사원이 되려니 취업마저 쉽지 않았다. 기적적으로 한 자동차 회사에 입사할 수 있었다. 입사 후 인사담당자에게 들은 얘기가 아직도 기억에 남는다. 나를 채용한 이유가 '그만두지 못할 것 같아서'였다는 것. 그만큼 당시의 나는 절박한 상황에 놓여 있었다. 최종 합격 통지도 아닌, 서류 전형에 통과됐다는 문자를 받고도 감격해서 30분을 오열했었으니 말이다.

기적이 찾아왔다는 생각에 30대의 시간은 온전히 회사에 바쳤다.

남들보다 늦게 시작했기에 누구보다 빨리 임원이 되고 싶었다. 안정적인 자리를 바랐다. 거의 매일 야근하며 정말 열심히 일했다. 그러나 9년 차로 접어든 어느 겨울, 부사장님의 아들 결혼식에서 함박눈을 맞으며 주차봉을 든 채 무료 봉사를 하고 있는 나를 발견한 순간 억눌렸던 스트레스가 폭발하듯 터져나왔다. '도대체 언제까지 상사들 뒤치닥거리를 해야 하지? 임원 자리를 얻기 위해 반드시 치러야 하는 희생일까? 내가 가장 잘하는 일이 주차봉을 휘두르는 일이었나?' 9년간 켜켜이 쌓인 설움이 한꺼번에 터져 흘렀다.

하늘이 준 기회였는지, 불운의 연속이었는지 당시 회사는 사정이 어려워져 희망퇴직을 받고 있었다. 대기업 사원증에 대한 미련도 없어진 터라 나는 과감히 회사를 나가기로 결정했다. 2년치 연봉을 준다고 하니 오히려 이득이 아닌가 하는 긍정적인 생각도 했다. 그때 많은 선배들이 곧 팀장이 될 텐데 왜 그만두냐고 말렸지만, 그 회사에서는 내 미래가 보이지 않았다. 결국 누구보다 빨리 임원이 되겠다는 내 인생의 두 번째 계획 역시 희망퇴직과 함께 스러졌다.

퇴사한 후에는 사업으로 큰돈을 벌고 싶었다. 평소 하고 싶었던 인재 육성 사업을 시작했다. 시도는 좋았으나 결과는 처참했다. 6개월간 매출 0원. 더 볼 것도 없이 실패였다. 이후 강사와 작가로 활동하며 두 권의 책을 출간했다. 수십만 권이 팔린 베스트셀러가 되지는 못했어도 강연을 하는 데는 큰 도움이 되었다. 방송에도 여러 차례 출연하며 조금씩 이름을 알렸다. 그래도 수입은 늘 불안정했다.

마흔이 코앞이었다. 그런데도 여전히 나는 불안했다. 나만 불안한 것 같았다. 어릴 때 부모님들을 보면 마흔이 된 순간 중년으로 여겨졌고, 더 이상 젊지 않은 진짜 어른처럼 보였다. 그 나이가 되는 순간, 중후하고 진중한 어른이 되어 세상이 어떻게 나오든 내 인생 하나쯤은 뜻대로 통제할 수 있는 것처럼 보였다. 그래서 나도 40대가 되면 당연히 그 어떤 유혹에도 흔들리지 않는 '불혹不惑'이 되리라 생각했다. 내 미래를 내가 그린 그대로 만들어갈 수 있다고 믿었다. 그런데 현실은 아니었다. 여전히 나는 작은 유혹에도 불안해했고 생각한 대로 세상을 살아갈 수 없었다.

많은 40대와 40대를 앞둔 이들이 이런 고민을 하고 있을 것이다. 본인의 착각을 자각했지만 이제 와서 다시 시작하기는 너무 늦은 것 같고, 계속 나아가자니 어디로 갈지를 모르겠고, 세상은 여전히 계획대로 흘러가지 않아서 스스로의 인생을 실패로 규정한 이들도 적지 않을 것이다.

하지만 나 또한 경험했듯이, 인생에는 너무나 많은 변수가 존재할 뿐 아니라 그 변수들이 어떤 상호작용을 일으킬지 아무도 모른다. 우리가 아는 성공 신화의 주역들도 실패와 노력을 반복하는 과정에서 우연히 찾아온 기회를 잡아 지금의 자리에 다다른 경우가 많다.

그래서 40대에 접어들면 무턱대고 한 가지 목표만을 위해 달리기보다는 넓은 시야를 가지고 다양한 가능성을 염두에 둬야 한다. 목표에 어긋나는 순간 계획에 실패했다는 자평이 나오기 쉽기 때문이다.

법조인이 되겠다는 한 가지 목표에만 매달리던 20대의 내가 그 외에도 무궁무진한 기회를 보았다면, 스스로에게 실패한 청춘이라고 말하지 않았을 것이다. 회사에서 임원이 되거나 사업으로 성공하겠다고 달려들었던 30대에도 마찬가지다.

이렇게 좀 더 넓은 시야를 기르려면 자기 인생을 완전히 통제하면서 살 수 있다는 환상을 버려야 한다. 계획은 언제든지 틀어질 수 있다. 결코 자책할 필요가 없다. 상황을 스스로 감지하고 다시 올바른 방향을 모색해나가는 능력과 힘을 기르는 것이 중요할 뿐이다.

물론 모든 일이 계획대로 되지 않는다고 해서 계획을 세울 필요가 없다는 건 아니다. '계획대로 되지 않는다'와 '계획조차 하지 않는다'는 천지 차이다. 태초에 계획이 있어야 뭔가 잘못된 방향으로 가고 있다는 걸 빨리 감지할 수 있다.

그럼 잘못된 길로 왔다는 생각이 든다면 어떻게 해야 할까? 40대가 처음으로 다시 돌아갈 마음을 먹기는 어렵다. 실제로 그리 효율적이지도 않은 방식이다. 우선은 잠시 멈춰 서서 어디서부터 잘못되었는지 살펴본 다음 발걸음을 옮겨야 한다. 이 책을 펼친 지금이 바로 그런 시간이라 할 수 있다.

결국 나는 마흔을 넘기며 직장인으로 돌아왔다. 현재 HR컨설팅 기업에서 3년째 마케팅 팀장을 맡고 있다. '직장'이라는 곳으로 되돌아왔기에 누군가는 내가 제자리걸음을 한 거나 다름없는 게 아니냐고 말할 것이다. 하지만 나는 확고하게 '아니다'라고 말할 수 있다.

지금 회사에 마케팅 팀장으로 들어온 후 나는 매출을 두 배 가까이 향상시키는 등 눈에 띄는 성과를 거두었다. 그건 오롯이 과거에 겪었던 실패를 바탕으로 이젠 더 다양한 가능성을 볼 줄 알게 된 덕분이다. 게다가 과거에 실패라고 명명했던 일들도 생각을 바꾸어보니 오히려 도움이 되었다. 비록 법조인이 되지는 못했지만 오랜 시간 법학을 공부한 덕분에 논리적 사고력이 생겼으며, 임원이 되지는 못했지만 직장 생활을 제대로 경험한 덕분에 직장인에게 꼭 필요한 콘텐츠들을 기획하고 생산할 수 있게 되었다. 비록 폐업은 했어도 자영업을 하면서 좌충우돌 겪은 마케팅 경험은 다양한 마케팅 프로젝트를 성공적으로 이끌 수 있는 자양분이 되어주었다.

인생이 계획대로 되지 않는다고 현재를 실패라 생각하지 말자. 그걸 경험의 축적으로 여겨 앞으로 일어날 수 있는 가능성들을 보는 '입체적인 사람'으로 성장하자. 그리고 계속 도전하자. 그게 40대가 가져야 할 첫 번째 품격이다.

불안을 잠재우는
객관적 상황 판단 능력

코로나19로 삶의 불안을 느낀 사람이 적지 않다. 너도나도 기약 없는 나날들 속에 코로나블루라는 우울증도 겪고 있다.

40대 역시 예외가 아니다. 심지어 코로나로 가장 큰 불안을 느끼는 세대가 40대다. 2020년 삼성생명 인생금융연구소가 발표한 '중노년기 불안심리 연구' 보고서에 따르면 40대의 불안 심리가 다른 세대에 비해 가장 높다고 한다.

왜 40대는 극심한 불안을 느끼고 있을까? 각종 통계를 살펴보면 그 이유가 명확해진다. 통계청 자료를 보면 일자리에서의 평균 퇴직 연령은 49.4세이다. 취업 포털 사이트에서 실시한 설문조사에서도 체감 정년이 49.7세로 나타났다.[3] 코로나19가 장기화되면서 희망퇴직을 실시하는 회사가 늘었다. 희망퇴직의 대상이 되는 주된 연령대도 40대이다. 한마디로 40대는 직장 생활의 끝자락이라고 할 수 있는 것이다. 코로나는 그걸 더 재촉하는 모양새다.

40대가 되면 지출도 많아진다. 통계청이 발표한 2019년 가계동향 조사에 따르면 가구주의 연령대가 40대인 경우 연평균 지출이 3,198 만 원으로 가장 많았다. 1,659만 원인 60세 이상에 비해 두 배가량 많은 셈이다. 그러니까 40대가 불안한 이유를 요약하면 고용 상태는 가장 불안한데, 돈 쓸 일은 제일 많기 때문이다.

물론 다른 세대라고 해서 불안이 없는 건 아니다. 2030도 내가 성공할 수 있을까 하는 미래에 대한 불안이 있다. 그러나 그들의 불안은 불안이라기보다 남들보다 일찍 성공을 거두고 싶은 '조바심'에 가깝다. 또 30대에 희망퇴직을 하게 되더라도 40대보다 이직할 수 있는 곳이 비교적 많다. 40대에 비해서 체력도 좋아 미래에 대한 불안감이 상대적으로 적다.

50대의 불안은 무엇일까? 50대의 최대 관심사는 바로 노후 준비다. 40대도 노후 준비에 관심이 없는 건 아니지만, 아무래도 50대에게 더 절실한 문제이기에 본격적인 노후 준비는 50대부터 시작하게 된다. 그러므로 50대의 불안은 곧 '노후 불안'이라 할 수 있다.

40대의 불안은 '먹고사니즘'과 닿아 있다. 여기에 사회의 허리로서 역할과 책임을 수행해야 한다는 불안까지, 의무와 생존이라는 아주 무거운 불안을 안고 산다. 40대는 불안을 먹고 산다고 해도 과언이 아닌 것이다.

이러한 40대의 현실을 보면 마치 외줄타기를 하는 것 같다. 아차 하는 순간 균형을 잃고 추락하기 때문이다. 그렇다고 해서 극도의 스트레스 속에서 살 수만은 없다. 정신과 전문의이자 《불안한 것이 당연합니다》[4]를 쓴 한덕현 교수는 저서에서 불안을 두 가지로 나눠 정리해보라고 조언한다. 자신이 통제할 수 있는 불안과 통제할 수 없는 불안이다. 불안의 원인을 글로 정리하는 것만으로도 불안감이 많이 해소된다고 한다. 글을 통해 자신의 상황을 정리하다 보면 상황이 객관적으로 보이기 때문이다.

이 시대를 살아갈 40대에게 필요한 품격이 바로 이것이다. 막연하게 불안함을 느끼는 것이 아니라 내가 무엇을 보완해야 하는지 정확하게 파악하는 과정을 거치는 일. 상황에 매몰되지 않고 밖으로 나와 객관적인 시각으로 상황을 바라본다면, 의외로 간단히 해결될 수 있는 일들이 많다. 자기 객관화를 통해 가장 급하게 해결해야 할 문제와 가장 중요한 문제를 발견하는 것만으로도 불안감을 많이 해소할 수 있다.

사실 나도 심각한 불안에 시달리던 적이 있다. 코로나19가 급속하게 확산되기 시작하던 2020년 초, 당시만 해도 코로나19가 몇 달이면 끝날 거라는 생각이 지배적이었기에 별다른 준비를 하지는 않고 있었다. 하지만 예상과 달리 코로나19가 전국적으로 확산되며 장기화 될 조짐을 보이자 회사의 매출이 곤두박질치기 시작했다. 회사 전체의 마케팅을 책임지고 있던 나는 잠을 이룰 수 없었다. 모든 게 내 탓인 것만 같았다. 심지어 밤에 자려고 누우면 '내가 이 시간에 잠들어도 되

---

4 한덕현 저, 한빛비즈, 2020.12.16.

나? 내일 회사에서 뭘 해야 하지?'와 같은 생각들이 계속해서 나를 짓누르고 있어 매일 밤 불안에 떨어야 했다.

이런 상황이 지속되면 스스로 무너져 내릴 게 뻔했다. 나는 돌파구를 마련하기로 했다. 앞서 말한 것처럼 상황을 객관적으로 보기 위해 내가 통제할 수 있는 일들과 통제할 수 없는 일들을 정리해보았다. 코로나19는 내가 어찌할 수 있는 영역이 아니었다. 하지만 코로나19로 인해 계약이 취소되는 것을 방지하기 위해서 무엇을 할 수 있을지는 충분히 생각해볼 수 있었다.

답은 '온라인'밖에 없었다. 신입사원이나 리더들을 교육하는 일을 주로 하는 우리 회사는 당시만 해도 대부분의 교육을 오프라인으로 진행하고 있었다. 하지만 그때부터 줌Zoom이나 웹엑스Webex 같은 플랫폼을 활용한 온라인 실시간 교육에 주목하기 시작했다. 당시에는 고객사에서도 온라인 실시간 교육에 대한 두려움이 있었기에 우리는 설문조사와 공개 세미나 등 다양한 이벤트를 통해 고객의 인식을 바꿔나가기로 했다. 그로부터 1년 후, 코로나19는 여전히 기승을 부리고 있지만 회사의 매출은 두 배 가까이 성장했다. 뿐만 아니라 지금은 메타버스 플랫폼을 활용하는 데 있어서도 업계의 선두 주자가 되었다.

만약 당시의 내가 계속해서 막연한 두려움에 사로잡혀 있었다면 지금쯤 어떻게 되었을까? 아마도 나는 패배감을 안은 채 회사를 떠났을 것이다. 그 이후의 삶은 상상하고 싶지도 않다. 그러나 펜을 들어 상황을 객관적으로 정리하기 시작한 그 순간부터 '막연했던 불안'은 그저 '불확실한 상황'의 단계로 내려앉았고 나는 별 부담 없이 내가 할 수 있는 일들을 파악할 수 있었다.

막연한 불안은 우리의 정신과 판단력을 좀먹는다. 그 불안에서 한 발자국 떨어져 상황을 객관적으로 정리하는 것만으로도 불안이라는 안개는 상당 부분 사라진다는 사실을 명심하자.

소통 리더십으로 쌓은
네트워크

우리 팀에서는 '93학번'과 '93년생'이 함께 일하고 있다. 숫자는 같지만 그 사이에 있는 간극은 어마어마하다. 93학번은 메타버스를 이해하지 못하고, 93년생은 '동물원'이 밴드 이름이라는 데 놀란다. 감성과 코드, 취향과 개성이 달라도 너무 달라서 마치 서로 다른 나라에서 온 것 같다.

솔직히 말하면 이 두 사람만 차이가 나는 건 아니다. 우리 팀 인원은 모두 10명으로, 20대부터 40대까지 고르게 있다. 세대별로 사고방식과 일하는 방식이 완전히 다르다. 업무 보고를 할 때 40대 이상은 직접 마주 보고 하는 대면 보고를 선호하는 반면, 20대와 30대는 메신저로 하는 비대면 보고를 선호한다. 심지어 20대 직원은 임원에게도 카톡 보고를 한다. 아직 수직적인 세계관을 버리지 못한 윗세대에게는 그 모습이 불손해 보인다. 반면 수평적 세계관으로 온몸을 무장한 아랫세대에게는 너무나 자연스러운 일이고 오히려 지적하는 윗세대가 답답할 뿐이다.

　나 또한 보수적인 직장 문화 속에서 상사들 비위를 맞추는 동안 그들의 모습이 답답하고 고리타분했다. 하지만 또 내가 상사들의 나이가 되니 젊은 사원들에게 뭐라고 한마디 얹고 싶은 생각이 든다. 내 또래 직장인들을 만나보면 비슷한 생각을 하고 있다. '그게 참 꼴 보기가 싫은데, 나도 이제 꼰대가 된 건가?'

　작게는 회사 안에서 선배이고 넓게는 삶에서 선배이기 때문에, 분명 40대 이상의 세대가 젊은 세대에게 알려줄 것이 있다. 가르쳐줘야 한다. 그러나 그게 어느 선을 넘는 순간 참견이 된다.

　그 선은 아랫사람들이 더 예민하게 알아챈다. 팀장이 회의나 외근으로 자리를 비우면 세상 분위기가 좋았다가 팀장이 복귀하면 언제 그랬냐는 듯 퇴근 시계를 재촉하게 되는 것처럼 말이다. 이런 상황이 자꾸 반복되면 누구라도 배신감을 느낀다. 심지어 어떤 40대 부장은 부하 직원들이 자기만 쏙 빼놓고 별도의 단체 카톡방을 만들어 자신을 씹고 뜯는다는 걸 알게 된 후 심각한 우울증까지 겪었다고 한다.

　그래도 한때는 '어디로 튈지 도무지 알 수 없다'는 의미에서 인류 최초로 X세대라는 칭호를 얻었던 70년대생이다. 배꼽티를 입은 채 '이렇게 입으면 기분이 조크든요'라고 거침없이 말하며, 어른들이 뭐라 하든 헐렁한 힙합 바지를 입고 다니던 그 시절의 '요즘 것들'도 40대가 되면 어쩔 수 없이 꼰대로 낙인 찍혀야 하는 걸까? 대체 누가 꼰대고 누가 선배가 되는 걸까?

나름 X세대라는 자부심을 가슴에 품고 살아온 나는 어느 온라인 커뮤니티에 올라온 글과 댓글을 보고 충격을 받은 적이 있다.

"40대 꼰대들이 피곤한 이유? 지들이 경험 많은 합리적인 젊은 사람이라고 생각함. 그런데 본인이 얼마나 꼰대인 줄은 모름."

뜨끔했다. 나 역시 스스로를 '경험 많은 합리적인 젊은 사람'으로 인식하고 있었기 때문이다. 글에 달린 무수한 댓글들은 더욱 가관이었다. '40대 극혐', '사무실 극혐 1위 차장, 2위 부장', '진심 자기가 열려 있는 줄 알아서 지가 꼰대인 줄 몰라' 등 차마 여기에서 공개할 수 없는 수위의 댓글이 줄줄 이어졌다. 그걸 읽고 있으니 자괴감까지 몰려왔다. 그래도 '개저씨' 소리를 듣는 것보다는 그나마 '꼰대'가 낫다는 생각으로 스스로를 위로해야 했다.

요즘에는 2030 세대에도 '젊은 꼰대'가 있다는 말까지 나오고 있어 꼰대란 결국 나이의 문제가 아닌, 성격의 문제라는 생각이 들기도 한다. 뿐만 아니라 일하기 위해 모인 회사이기에 효율적인 문제로 조직의 허리인 40대가 나서야 하는 것도 현실이다. 그 모든 것들을 뒤로 한 채 그저 싫은 소리 하는 모든 사람들을 싸잡아 '꼰대'라고 비난하는 건 바람직하지 않다. 꼭 고쳐야 할 부분에 대해서만 개선해야 할 것이다.

네이버 지식사전은 꼰대를 '권위를 행사하는 어른이나 선생님을 비하하는 뜻을 담고 있지만 최근에는 기성세대 중 자신의 경험을 일반화해서 자신보다 지위가 낮거나 나이가 어린 사람에게 일방적으로 강요하는 사람'이라고 설명한다. 내 생각만 옳다고 생각한 채 타인에 대한 수용을 거부하여, 상호작용의 소통을 원천적으로 차단하고 있는 사람이라 할 수 있다. 즉, 말 안 통하는 고집쟁이인 것이다.

물론 먹고살기도 바쁜데 남을 이해하고 대화해서 함께 문제를 해결해나갈 시간이 어디 있냐고 생각할 수 있다. 그래서 나이가 들수록 고집이 늘어가는 걸지도 모르겠다. 하지만 타인의 의견을 수용하지 않으면 더 이상의 성장은 없으며, 누군가를 이끌어갈 리더십은커녕 팔로워십조차 나타내기 어렵다. 칭기스칸조차 '남의 말에 귀 기울이며 현명해지는 걸 배웠다'고 하지 않았던가.

이제 40대가 채 끝나기도 전에 조직을 떠날 수도 있는 불안한 시대다. 그리고 조직을 떠나면 냉엄한 '각자도생'의 세상이 우리를 기다리고 있다. 역설적이게도 각자도생의 세상에서 가장 필요한 건 정서적으로 긍정적인 지지를 보내주는 사람들이다. 나에게 힘을 주는 네트워크가 홀로 된 삶을 지탱해주는 힘이 된다.

그런데 조직에 있을 때 꼰대짓만 해온 사람에게 이런 네트워크가 있을까? 40대가 진짜 두려워해야 하는 건 조직에서 이탈하는 것이 아니라 이렇게 보이지 않는 네트워크에서 소외되거나 외면당하는 일이다. 비록 조직에서는 이탈하더라도, 보이지 않는 네트워크를 가진 사람들은 이를 바탕으로 충분히 새로운 길을 개척해나갈 수 있다. 반대로 이런 네트워크가 없는 사람들은 초라하고 빈 껍데기만 남은 인생을 살아야 한다. 후자의 경우 고립된 인생을 살 수밖에 없어서 소통의 악

순환에 빠질 가능성이 크다.

그래서 40대는 소통력이라는 품격을 장착해야 한다. 이러한 소통력은 상대에 대한 편견을 버리고 열린 마음으로 상대를 바라보는 것에서 시작한다. 진정한 소통은 입을 열 때가 아닌, 마음을 열 때 시작된다. 상대에 대한 마음을 닫게 하는 가장 큰 장애물이 바로 편견이다. 나보다 어린 직원들을 바라볼 때 '저 친구는 아직 모르는 게 많을 거야'라고 생각하는 것 역시 편견이다. 당신이 어린 직원들을 보며 우월감을 느낄 수 있는 건 단순히 회사에서 일한 시간이 더 많기에 익숙한 덕분이다. 하지만 그 익숙함이 어린 직원들보다 더 스마트하게 일하게 해준다는 보장은 어디에도 없다.

40대의 품격 있는 소통을 위한 가장 핵심적인 내용은 자신이 가진 지식과 정보를 바탕으로 상대보다 우위에 서고자 하는 마음을 버리고 상대와 수평적인 상호작용을 하는 것이다. 40대가 되면 전문성과 정보력, 즉 어느 정도의 능력치라는 것이 쌓일 수밖에 없다. 하지만 그러한 능력치를 과시하며 다른 사람보다 우월한 지위를 확인하려는 순간 꼰대가 된다. 앞서 말한 보이지 않는 네트워크는 위계적인 구조가 절대 아니다. 서로의 인성과 품격에 이끌려 자발적으로 유지되는 구조이다. 이런 자발성은 수평적인 상호작용을 통해서만 이어질 수 있다.

직장 생활을 하다 보면 어느 자리에서든 '갑'의 위치에 서려고 하는 사람들이 있다. 그런 사람들의 공통점은 오직 자신이 섬기는 상사에게만 허리를 숙일 뿐 다른 이들에게는 안하무인으로 행동한다는 것이다.

그런 이들은 상사 덕분에 잠시 승진이 빠를 수는 있지만, 상사를 제외한 다른 이들을 적으로 만들기 때문에 평탄하지 않은 직장 생활을 할 가능성이 높다. 당연히 보이지 않는 네트워크에서도 소외된다. 반면 어디에서나 우월한 지위를 확보해야 한다는 강박을 버리고 수평적인 협업을 위해 자신의 능력을 활용하는 사람들의 경우, 스스로 느끼지도 못하는 사이에 보이지 않는 네트워크의 도움을 받게 된다. 시간이 흐를수록 어떤 사람이 오래 살아남을지는 명확하다.

40대는 갈림길에 서 있다. 꼰대스러움으로 무장한 채 안 그래도 외로운 삶을 더 외롭게 살 것인지, 아니면 열린 마음으로 타인과 소통하며 탄탄한 나만의 네트워크를 다질 것인지 말이다. 후자의 길을 걷고 싶다면 그 어떤 세대, 어떤 관계에 놓인 사람들이든 상관없이 소통하고 네트워크화하는 품격을 갖추기 바란다.

건강한 몸과 마음, 그리고 환경

20~30대 때는 조금 무리를 해도 며칠 쉬면 에너지를 회복한다. 큰 사고가 나는 게 아닌 이상 '막' 살아도 피곤함을 느끼는 정도가 크지 않다. 하지만 40대는 몸에 무리가 오면 기능이 고장 난다. 며칠 쉰다고 낫는 게 아니라 떨어진 기능을 끌어올리는 치료가 필요해진다.

건강이 나빠지면 아무것도 할 수 없다는 걸 우리는 너무 늦게 깨닫는다. 내 주변을 봐도 젊을 때야 술을 마시고 운동을 안 해도 그럭저럭 매일을 살아갈 수 있었지만, 마흔이 넘어서부터는 망가진 몸을 치유하기 위해 다른 일을 모두 포기한 경우가 많다. 가뜩이나 불안한 상황에 건강마저 무너지면 대체 어떻게 살아남아야 하는가.

여기서 조금 갑작스럽지만, 질문을 하나 던져본다. 한국의 40대는 한 달에 몇 번이나 성관계를 할까? 이 질문의 답에 대해서는 여러 통계 자료가 있지만, 그전에 충격적인 사실을 밝혀야 한다. 국내에서 이뤄진 대규모 역학 연구에 따르면, 40세 이상 성인 남성의 약 40%가

성기능 장애를 호소하고 있다는 것이다.[5] 상황이 이런데 일주일에 몇 번 성관계를 하는지 세는 건 별 의미가 없다. 성기능은 건강 상태를 반영한다. 특히 심혈관계 질환과 밀접한 관련이 있다. 40대부터 떨어지는 성기능은 쇠락하는 육체를 상징하는 것이다.

시간을 조금만 되돌려 30대를 회상해보자. 불과 10여 년 전, 그때만 해도 직장에서나 가정에서 의욕이 넘쳐났다. 사람마다 차이가 있겠지만 지금보다는 왕성한 활동을 했을 가능성이 크다. 한마디로 늠름한 '낮이밤이(낮에도 이기고 밤에도 이기는)' 라이프를 살았던 것이다. 이제 다시 시계를 돌려 현실로 와보자. 올라간 자리만큼 직장에서 받는 스트레스는 더욱 커졌고 체력은 뚝뚝 떨어져 초라한 '낮져밤져(낮에도 지고 밤에도 지는)' 라이프를 보낸다.

여성도 마찬가지다. 45세 전후 폐경기를 지나면서 여성호르몬이 줄어들어 성욕도 점점 감소한다. 게다가 40대 여성의 경우 남성보다 직장에서 이탈하는 시기가 2~3년 더 빠르니, 그만큼 퇴직 스트레스도 더 빠르고 크다. 여성 역시 40대에 들어 신체적, 정신적 여유가 없는 것이다.

이처럼 육체적인 여유가 줄어들수록 즐거움을 누릴 여유도 사라진다. 특출나게 건강을 타고나지 않은 이상 육체에서 오는 한계로 정신적 압박까지 느끼게 된다. 이러한 상황에 무언가를 새롭게 시작한다는

---

5 박동수, 박선영, 신선미, 〈남성 성기능장애 관련 한의학 및 전통의학 임상 연구 동향 분석과 프로토콜 분석〉, 《동의생리병리학회지》 제27권 5호, 2013

건 큰 부담이다. 작심삼일은커녕 작심조차 겁이 나기 시작한다. 일단은 지금 내 삶을 지키기에 급급하다. 그렇게 삶이 딱딱해지고 사고방식도 굳어버리면서 '꼰대화'가 된다.

그래서 체력적인 내리막이 시작되는 40대의 나이에는 유연한 삶의 태도를 위해서라도 건강이 중요하다. 나 역시 지나친 스트레스와 불안으로 인해 건강 문제를 겪었다. 패혈증 때문에 순식간에 열이 40도가 넘는 등 생명까지 위태로웠던 경험이 있다. 그런 일을 겪고 난 후 이제는 규칙적인 생활을 위한 운동 루틴을 설정하여 예전의 건강을 회복할 수 있었다.[6] 이런 일을 겪으면서 40대에게 필요한 건강은 무턱대고 일을 벌여도 될 만큼의 기개가 아니라는 사실을 깨달았다. 현재 내 몸이 허락하는 범위 내에서, 내가 잘할 수 있는 것들을 가지고 세 걸음 정도 더 떼어볼 수 있는 시도다. 다른 40대들이 한 걸음도 더 걷기 두려워할 때 세 걸음 정도를 걸어가보고 조금 이상하다면 다시 세 걸음 뒤로 돌아올 수 있는 체력, 육체적으로도 피곤할 수 있는 그 시도에도 정신이 압박받지 않을 몸과 마음의 건강이다.

여기에 한 가지 더, 환경적 건강도 돌아봐야 한다. 환경적 건강이란 내가 살아가는 주변 환경에 나의 몸과 마음을 해하는 요소가 존재하는지 확인하고, 있다면 제거하여 오롯이 나 자신의 삶에 집중하게 하는 일이다. 생활이 안정되지 않으면 바로 타격이 오는 게 정신 스트레

---

6 여기에 대한 자세한 내용은 4부에서 소개한다.

스이며 이는 곧 건강 악화로 이어진다. 몸, 마음, 그리고 환경의 건강은 어느 하나 망가지면 서로에게 악영향을 끼치는 트라이앵글인 셈이다.

40대가 되어 이직에 도전하고자 하더라도 현재 나의 자산 안정성이 뒷받침되는지, 회사에 남아 정년까지 버티기로 결정했는데 회사의 안정성이 떨어지고 있는 건 아닌지, 내가 몸담고 있는 산업의 미래, 가족들 사이에서 나의 위치와 소통 정도 등 나를 둘러싼 크고 작은 커뮤니티에 썩어가는 부분이 없는지 살펴봐야 한다.

40대 이후의 인생을 계획할 때는 현재의 내 몸 상태와 여러 가지 환경적 여건들을 종합하여 나에게 가장 맞는 전략을 수립하는 일이 반드시 필요하다. 자신에게 최적화된 전략을 수립했는지에 따라 남은 인생의 향방이 갈린다.

진정한 강점을 발견하는
자기탐구정신

'하마르티아hamartia'에 대해 들어본 적이 있는가? 고대 그리스인들은 비극의 씨앗이 자기 자신 안에 있다고 믿었다. 타인의 행동이 아닌, 자신의 결함이나 실수로 인해 비극의 나락으로 떨어진다고 믿은 것이다. 아리스토텔레스 역시 《시학》에서 '비극의 주인공은 나쁜 행동 때문이 아니라 어떤 실수 때문에 불행에 빠진 인물'이라고 했는데, 여기서의 '실수'가 곧 하마르티아라 할 수 있다. 어원적으로는 '과녁을 놓치는 것', '판단 착오', '성격적 결함' 등을 의미한다. 결정적인 복수의 순간을 맞이했음에도 주저하고 마는 햄릿의 성격이나 행동이 하마르티아의 대표적인 예라고 할 수 있다.

하마르티아에 대해 얘기하는 이유는 자신의 성격이나 행동으로 인해 자기도 모르게 잘못된 길로 들어설 수 있다는 걸 말하고 싶어서이다. 이때 자신의 중대한 결함, 하마르티아가 될지도 모를 요소들을 미리 알고 있다면 비극을 막을 수도 있지 않을까? 이 말은 결국 평소 자신에 대해 철저히 파악하면 자신에게 닥칠 불행을 미리 막을 수 있다는 말과 같다.

40년 넘는 시간을 살고 나면 우리는 스스로를 잘 안다고 생각하게 된다. 하지만 과연 그럴까? 나 역시 스스로를 이해하지 못해 수많은 시행착오를 겪었다. 비교적 활발했던 성격이었기에 영업을 잘할 거라고 믿었는데, 막상 사업을 시작해보니 영업은 내가 잘할 수 있는 영역이 아니라는 확신이 들었다. 영업을 잘하기 위해서는 상대방과 좋은 관계를 맺으면서도 결정적인 순간에는 냉철해져야 한다. 그래야만 영업인으로서 실적을 올릴 수 있다. 하지만 나는 그저 '좋은 사람'에만 머물고자 할 뿐, 결정적인 순간에는 항상 머뭇거리곤 했다. 물론 상당한 노력을 기울이면 어느 정도는 가능했겠지만, 어찌 된 일인지 영업을 하면 할수록 더욱 명확하게 한계를 느꼈다.

반대로 글을 쓰는 일은 전혀 생각지도 못한 일이었다. 나는 사람을 상대로 하는 일도 좋아했지만 그보다는 여러 자료를 분석한 결과를 바탕으로 보고서를 작성하는 일이 좋았다. 그런 일은 힘들다는 생각보다는 하면 할수록 더 잘하고 싶다는 마음이 들었다. 그런데도 나는 글쓰기가 나의 강점이 될 수 있다는 사실을 모르고 있다가 30대 중반에 이르러서야 깨닫게 되었다.

뒤늦게 글쓰기가 나의 강점이라는 걸 깨달았지만 그게 나의 밥벌이가 될 거라고는 정말이지 상상도 못 했다. 하지만 지금의 나는 주로 글과 관련된 일을 하며 살고 있다. 마케팅 업무를 하며 카피 문구를 작성하거나 기획안을 만드는 일부터, 퇴근 이후 책을 쓰며 글쓰기와 관련된 강의를 하는 등 글은 나의 생계에 막대한 영향을 미치고 있다. 만약 내가 나의 강점을 더 일찍 깨닫고 그 능력을 활용하고 개발했다면 지금보다 더 나은 수준에 도달했을 거라는 아쉬움마저 든다. 모든 사람에게는 그런 능력이 하나쯤은 있다. 단지 스스로 깨닫지 못하고 있을 뿐.

이제 가슴 깊이 묻어둔, '설마 이런 것들이 나의 강점이 될 수 있겠어?' 하는 부분들을 끄집어내보는 건 어떨까? 지금까지 쌓아온 자기만의 전문성을 찾는 것도 좋다. 40대가 되면 누구나 자신의 강점이나 전문성을 깨닫고 있을 가능성이 크다. 다만 그 가능성을 스스로 부정하거나, 과거의 나처럼 그런 강점들이 과연 밥벌이가 될 수 있는지에 대한 확신을 가지지 못할 뿐이다. 내 안에 있는 강점들과 지금까지 쌓아왔던 전문성이 합쳐지면 앞으로의 삶을 지탱해줄 강력한 '생존 자원'이 될 수 있다.

《방구석 노트북 하나로 월급 독립 프로젝트》를 쓴 노마드 그레이쓰의 경우 해외 온라인 플랫폼에서 디지털 파일을 판매하며 매년 억대의 수입을 올리고 있다. 지금은 전 세계 최상위의 셀러가 된 그녀이지만, 그녀의 출발은 화려하지 않았다. 심지어 전문 디자이너도 아니었다. 그냥 해외 플랫폼을 검색하다가 '이 정도는 나도 할 수 있겠는데'

---

7 노마드 그레이쓰 저, 리더스북, 2021.2.17.

라고 생각했고 그때부터 매일 디지털 파일을 올리기 시작하며 조금씩 성장하기 시작했다. 그녀처럼 지금 당장은 돈이 안 되는 작은 능력일지라도 지속적으로 발전시켜 나간다면 든든한 생존 자원이 될 수 있다.

불행하게도 내가 만나본 40대들 중에서 자신이 어떤 일을 잘하는지, 어떤 일을 잘할 수 있는지, 어떤 일을 하고 싶은지 명확하게 인식하고 있는 사람은 거의 없었다. 심지어는 관심조차 없는 경우도 많았다. 매일 생존을 위해 발버둥 치면서도 정작 자신을 먹여 살려줄 생존 자원에 대해서는 생각해보지 않는 것이다. 그러다가 40대가 되어서 회사가 어려워지거나 인생의 중대한 갈림길에 서고 난 후에야 비로소 생존 자원에 대해 진지하게 고민하기 시작한다.

안타까운 건 생존 자원에 대해 관심을 두지 않고 있다가 갑자기 찾으려면 결코 찾아지지 않는다는 점이다. 심지어는 자신과는 전혀 맞지 않는 업종에 도전했다가 실패하는 경우처럼 잘못된 선택으로 이어질 가능성도 크다.

40대 이후의 삶에 품격을 더하기 위해서는 반드시 나만의 생존 자원을 갖춰야만 한다. 그리고 이를 위해서는 '진정한 나'를 만나려 노력하는 자기탐구정신이 필요하다. 많은 전문가들이 포스트 팬데믹 시대에는 각자의 모든 것을 리셋하라고 말하지만, 오히려 이런 시기일수록 철저히 과거의 자신을 되돌아보아야 한다. 성공했을 때의 자신과 실패했던 때의 자신, 무언가에 몰두했던 자신 등 다양한 내 모습들을 떠올리며 자신에 대한 이해도를 높이는 것이 중요하다.

보다 구체적인 예를 들자면 내가 여러 사람들과 어울리는 조직 생활에 적합한 사람인지 아니면 독립적인 환경에서 일하는 게 적합한 사람인지 파악하는 것부터, 내가 어떤 분야에 관심이 있으며 어떤 분야에 전문성이 있는지에 대해서도 파악해야 한다. 또한 과거의 성공 경험에서 어떤 요인들 덕에 성공을 거둘 수 있었는지, 반대로 실패한 경험으로부터 어떤 이유로 실패했는지에 대해 구체적으로 끄집어낼 수 있어야 한다. 이렇게 자신에 대해 구체적으로 파악해가다 보면 나에게 최적화된 환경과 내가 집중해서 성장시킬 업무나 사업 등에 대한 확신을 가질 수 있다.

40대에는 무턱대고 모험할 나이가 절대 아니다. 확신이 있는 부분에 효율적이고 집중적인 투자가 필요한 시기이다.

2

"무엇이 나를 살아남게 할까?"

인생 시나리오로
알아보는
품격의 힘

앞으로 40대에게는 어떤 일이 들이닥칠까?
가장 대표적인 삶의 변곡점
'존버', '이직', '창업'을 통해
마흔의 품격이 어떻게 인생을
좌우하는지 알아보자.

40대,
인생 미리 보기가 필요한 시간

30대 후반에 대기업을 다니다 희망퇴직을 한 친구가 있었다. 친구는 두렵지 않느냐는 주변의 우려에도 아랑곳하지 않고 많은 일에 도전했다. 열정과 체력이 뒷받침됐을 뿐만 아니라 무엇보다 '시간'이라는 자원이 비교적 풍부했기에 가능했던 일이다. 친구는 창업부터 시작했지만 곧 실패했다. 하지만 그 후에도 다양한 곳에서 이직 제의를 받았다. '기회'라는 자원 역시 부족하지 않았던 때였기에 그랬다.

그런데 40대 중반에 이른 사람들에게 이 친구처럼 모험을 감행하라면 과연 할 수 있을까? 아마 많은 이들이 희망퇴직이나 정리해고와 같은 극단적 상황만 아니라면 불확실한 도전은 최소화할 것이라 답할 것 같다. 열정과 체력, 시간, 기회 등 그 모든 자원이 30대 때와 비교해 현격히 줄어들었기 때문이다.

그러나 요즘 시대는 40대에게도 이러한 도전을 요구한다. 빠르게 변하는 기술과 산업, 그만큼 빠르게 뜨고 지는 직업이 언제까지나 한자리에 머물러 살아남게 해주지 않는다. 그래서인지 요즘 주변의 40대와 대화를

나누다 보면 막연한 정보만 가진 채 이직이나 창업에 도전해서 피를 보는 경우가 많이 보인다. 직장에서 존버하는 40대들도 매일 불안해하며 버티는 것이지 내일을 기약하지는 못한다.

이럴 때일수록 마흔의 품격이 중요하다. 어떤 선택을 하든, 단발성으로 그치지 않고 살아남아 오래가기 위해서는 앞서 말한 품격을 반드시 장착해야 한다.

지금부터 존버, 이직(전직), 창업이라는 40대 대표적 인생 시나리오 세 가지를 바탕으로 인생 미리 보기를 해보려 한다. 나의 경험과 내가 만난 수많은 사람들의 사례를 바탕으로 작성한 것이므로 상당히 현실적이라 자부한다. 품격의 유무가 시나리오의 결말을 어떻게 바꾸는지 잘 확인해보라.

요즘 40대
인생 시나리오
탄생 과정

코로나19가 장기화되면서 희망퇴직이 급격하게 늘었다. 코로나라는 변수가 사라지더라도 앞으로 인공지능이나 자율주행 등 산업구조의 개편으로 인해 희망퇴직은 더욱 늘어날 것으로 전망된다. 특히 40대부터 본격적인 희망퇴직의 타깃이 되므로 희망퇴직에 대한 대비를 늘 하고 있어야만 한다.

만약 내가 다니고 있는 회사에 희망퇴직 공지가 뜨면 어떤 일이 벌어질까? 사실 희망퇴직과 같은 중요한 일이 터지기 전에 이미 회사 내에서는 흉흉한 소문이 돌기 시작한다. '곧 희망퇴직 공지가 뜰 건데, 이번에 목표 인원이 몇백 명이고, 목표량을 채우지 못하면 무급 휴직에 들어갈 수도 있다' 같은 온갖 카더라 방송이 난무한다. 그래서 실제로 희망퇴직 공지가 뜨면 충격을 받기보단 올 것이 왔다는 분위기가 팽배해진다.

당신은 희망퇴직 공지를 실제로 보면 어떤 생각을 할 것 같은가?

대부분은 세 가지 생각을 하게 된다.

- 준비 후 다음 기회를 노리는 기회 포착형 '아직 준비가 안 됐는데… 이직 준비를 하고 있다가 다음 공지가 뜨면 그때 신청해야지!'
- 무급 휴직에 쫄아버린 새가슴형 '이번에 목표 인원을 채우지 못하면 무급 휴직 들어간다고 하던데… 그 전에 희망퇴직을 신청해야 하나?'
- 후배들의 길을 터주기 위한 자기 희생형 '회사가 진짜 어려우니 후배들을 위해 지금 떠나야 되겠어.'

사실 공지가 뜨자마자 '기회가 왔구나' 하고 기다린 듯이 희망퇴직을 신청하는 사람은 거의 없다. 위와 같은 세 가지 경우의 수 중에서 고민에 고민을 거듭하다 결정을 내리게 된다. 최근에는 기회 포착형이 많아지는 추세다. 희망퇴직을 두둑한 돈을 챙겨 떠날 수 있는 기회로 인식하는 것인데, 이는 구조조정이 상시화되면서 희망퇴직의 연령대가 점점 낮아지며 생긴 현상으로 보인다. 회사의 위기 상황을 감지하고 바로 이직이나 창업 준비에 돌입하는 등 평소에 부지런히 경쟁력을 쌓고 있었다면, 억대에 달하는 위로금까지 받고 다른 회사로 옮기는 기회를 잡을 수 있게 되는 것이다.

그러나 이런 기회를 잡는 건 쉽지 않은 일이고, 대부분 새가슴형 또는 자기 희생형이 될 가능성이 크다. 특히 불안에 떠는 새가슴형이 대다수인데, 주변에서 희망퇴직 하는 사람을 많이 보더라도 막상 자신의 회사에 그런 일이 닥치면 엄청난 불안과 스트레스에 시달리게 된다. 평소에 어느 정도 마음의 준비를 하고 있었다 하더라도 실제 상황이 되면 걱정할 수밖에 없는 것이 일반적인 심리다. 특히 이번에 희망퇴직을 신청하지 않으면 무급 순환 휴직 또는 정리해고에 들어갈 수도 있다는 불안이 가장 크다.

하지만 그러한 정보는 과연 진실일까? 정말 냉정하게 따져보아야 한다. 채권단 또는 산업은행과 회사의 협상이 어떻게 진행되고 있는지, 인사팀의 분위기는 어떤지 등 회사 내외부의 상황을 면밀하게 관찰해야 한다. 뿐만 아니라 회사의 장기 비전을 경영자 못지않은 시각으로 파악하여 지금의 위기가 장기화될지 여부를 스스로 판단해야 한다. 희망퇴직과 같은 상황에서는 일시적인 감정에 휘둘리지 않고 침착하게 상황을 파악하고 대응하는 것이 가장 현명한 방법이다.

명심해야 할 사실은 근로기준법상의 정리해고는 법적 요건이 매우 까다롭고 추후 분쟁의 여지가 있다는 사실이다. 또한 정치적인 이슈가 될 가능성도 있어서 실행하기가 쉽지 않다. 무급 순환 휴직 역시 최악의 경우에 발생하는 일이기에 가능성 역시 크지 않다. 그러나 희망퇴직은 경영상 해고로 가기 위한 과정인 것은 분명하다. 희망퇴직이 주기적으로 반복되면 최악의 일이 실제로 발생할 가능성도 배제할 수 없다.

결국 희망퇴직 상황에서 회사를 떠날지, 남을지 냉정하게 스스로 결정해야 한다. 이 상황에서 가장 중요하게 고려해야 하는 첫 번째 요소는 현재 자신이 수행하고 있는 '업무의 생존 여부'다. 대체 불가능한 기술이나 독보적인 노하우를 보유하고 있다면 걱정할 필요가 없다. 그런 경우면 오히려 몸값이 높아진다. 불행하게도 직장인이 수행하는 업무는 대체 가능한 경우가 대부분이다. 그렇다면 대체 가능한 업무 외에도 또 다른 무기가 필요하다거나 아예 대체 불가능한 업무에는 뭐가 있을지를 생각해 떠날지, 남을지를 결정해야 한다.

다음으로 고려해야 할 요소는 자신이 속한 '조직의 생존 여부'이다. 그중에서도 팀의 생존 여부가 가장 중요하다. 구조조정의 가장 큰 목표는 조직 통폐합을 통해 중복 기능을 제거하는 데 있다. 특히 두 개의 사업부가 통합되는 경우 각 사업부에서 유사한 기능을 하던 조직이 있다면 통합 1순위가 된다. 이때 각 사업부에서 동일한 업무를 하는 사람이 있었다면 과연 누가 나가야 하는 걸까? 일반적으로 실적이 좋지 않았던 사업부의 담당자가 구조조정 우선순위에 오른다.

자신의 업무 또는 조직이 없어지면 다른 조직으로 발령받게 된다. 대개 지방으로 발령을 받거나 가장 힘든 일을 배정받을 가능성이 크다. 성과를 낼 만한 중요한 업무는 이미 기존의 구성원들이 차지하고 있기 때문이다. 그 상황에서 계속해서 성과를 낼 수 있는지 스스로를 돌아보고 자신의 네트워크를 살펴야 한다.

한편으로는, 매우 불행한 일이지만 인사팀에서 콕 집어서 희망퇴직을 권유하는 경우도 있다. 그동안 성과가 저조했다면 전방위적인 압박이 들어온다. 희망퇴직은 직원이 자발적으로 신청해야 하는 것이므로 강제할 수 없는 것이 원칙이지만, 권유라는 명목으로 상당한 압박을 받는 걸 피할 수는 없다. 조직의 통폐합으로 보직이 없어진 사람들만 모아 별도로 휴직을 하게 하는 등 상당한 압박을 가할 수도 있는데, 이때 받는 스트레스와 모멸감은 상상을 초월한다. 그러한 스트레스를 견디는 것이 옳은지 본인의 자존감을 잘 살펴 결정해야 할 것이다.

마지막으로, 고려해야 할 요소는 '대안의 존재 여부'이다. 회사를 떠나도 생계유지가 가능하다면 얼마나 좋을까? 희망퇴직금도 두둑이 받고 지금보다 더 많은 연봉을 주는 곳으로 이직하는 것도 금상첨화다. 그러나 불행하게도 그런 일은 거의 발생하지 않는다. 이직 시장에서 40대 희망퇴직자의 몸값은 그리 높지 않기 때문이다. 내 경험으로도 그렇고, 주변에 있는 희망퇴직자들의 경험을 봐도 40대가 희망퇴직 이후 원래의 연봉을 유지하는 건 상당히 어려운 일이다. 특히 대기업에 다니고 있었다면 중소기업으로 이직하면서 연봉이 낮아지는 경우가 많다. 따라서 연봉을 낮춰 이직한 후 사이드프로젝트를 굴릴 수 있는지나 혹은 창업 후 버티기가 가능할 것 같은 분야가 있는지를 염두에 두어야 한다. 만일 없다면 차라리 존버가 더 나은 기회가 될 수 있다.

존버

넓은 시야와 객관적 상황 판단 – 달라진 업무 환경을 받아들이기

존버를 결심했는가? 그렇다면 이왕 결심한 거 꿋꿋하게 버티자. 때론 희망퇴직 대상자에 올라서 엄청난 압박을 받았더라도 나중에 회사가 정상화되면서 다시 안정을 찾기도 하기 때문이다. 물론 이 실낱같은 희망만 바라보고 버티라는 건 아니다. 그건 정말 무식하게 버티는 일일 뿐, 미래를 위한 나은 선택이 아니다.

불안한 회사에서 얇은 실 하나 허리에 묶고 매달리듯 버티지 말고 스스로 단단한 기둥을 쌓아 올리듯 무언가를 만들어가며 버티자. 그 무언가를 만들어내는 힘은 당연히 '품격'이다.

최근 '크몽'이나 '숨고'와 같은 프리랜서 중개 플랫폼이 급성장하고 있다. 이들 플랫폼의 등장으로 긱 이코노미Gig Economy가 점점 대중화되고 있다. '긱Gig'이란 단어는 아주 일시적인 일을 의미하는데 1920년대 미국 재즈클럽에서 단기 계약으로 연주자를 섭외하는 데서 유래했다. 이제는 재즈클럽이 아닌 기업에서 일시적인 필요에 따라 단기 계약직이나 임시직으로 인력을 충원하거나 대가를 지불할 필요가 생겨났고, 이러한 형태의 경제를 '긱 이코노미'라 한다.[8]

긱 이코노미는 이용자의 요구에 재빨리 대응하기 위해서 생겨났다고 할 수 있다. 기술이 급격하게 발전하고 트렌드 변화 주기가 갈수록 짧아져서 기존의 '고용'이라는 형태로는 도저히 그 수요를 맞출 수 없기 때문이다. 특히 앞서 말한 크몽, 숨고 등의 플랫폼도 이러한 니즈에 부응하기 위해 등장했다. 거기다 편리함까지 갖추게 되면서 긱 이코노미는 점점 확산되고 있다. 실제로 이 플랫폼들을 이용하면 다양한 분야의 전문가들을 쉽게 섭외할 수 있다. 덕분에 1인 기업가 또는 프리랜서들 역시 과거처럼 영업이나 마케팅에 매달리지 않고도 수월하게 일을 구할 수 있게 되었다.

이런 현상은 직장인에게 어떤 영향을 미칠까? 특히 회사에 남기로 결정한 40대 직장인들은 긱 이코노미의 활성화에 대해 매우 진지하게 생각해봐야 한다. 2030 세대가 주축이 된 '긱 워커 Gig Worker'들과 40대 직장인들은 협업하거나 경쟁해야 할 일이 점점 많아질 것이기 때문이다.

젊은 긱 워커들은 다양한 분야의 기술과 트렌드를 빠르게 습득한

---

8 KB금융지주 경영연구소, 〈긱 이코노미의 이해와 향후 전망〉, 《KB지식비타민》 16–58호, 2016.8.1.

다. 그들과 제대로 협업하고 성과를 내기 위해서는 상당한 수준의 기술 이해도와 트렌드 분석력이 필요하다. 또 그들과 경쟁하기 위해서는 더 많은 노력을 기울여야 한다. 40대의 나이에 어린 친구들과 새로운 기술 분야에서 경쟁하는 건 결코 쉬운 일이 아니다.

코로나19가 가져온 가장 큰 변화 중의 하나인 재택근무 역시 앞으로의 직장 생활에 있어서 큰 변수가 될 것이다. 코로나19로 인해 많은 기업과 근로자들이 재택근무가 생각보다 효율적이고 편리하다는 사실을 깨달았기 때문에 코로나가 종료되어도 쉽게 과거로 돌아가지는 않을 것으로 보인다. 재택근무까지는 아니더라도 원격 근무의 비중은 계속 늘어날 것이 분명하다.

이런 과정에서 디지털 리터러시의 중요성이 점점 커지고 있다. '리터러시Literacy'란 읽고 쓰고 이해하는 능력으로, 디지털 리터러시는 디지털 기술과 데이터, 콘텐츠 등을 이해하고 활용하는 능력을 말한다. 최근에는 구글은 물론 노션Notion이나 슬랙Slack과 같은 다양한 디지털 협업 툴Tool을 사용하는 능력과 함께, 줌이나 웹엑스 등을 활용한 비대면 회의 능력을 포함하는 의미로 광범위하게 쓰이고 있다. 이와 같은 디지털 리터러시는 비대면 업무의 필수 요소로 꼽히고 있다.

대면 근무가 중심이던 시절, 우리나라는 대표적인 고맥락 사회였다. 명확한 업무 지시보다는 윗사람의 심기를 살펴가며 눈치껏 일해야 하는 사회. 그러니 '개떡같이 말해도 찰떡같이 알아듣는' 사람이 승승장구할 수밖에 없었다. 하지만 비대면 근무 환경에서는 전혀 다른 능력이 요구되고 있다. 이를테면 대면 소통에서 가능한 눈치코치 업무 능력 대신 내가 일한 바를 정확하게 문서화 또는 디지털화하는 능력이 더욱 중요해지는 것이다. 또한 술자리나 회식도 사라져서 사내 정치는 무의미해지고 일과 삶의 밸런스를 잘 찾는 것이 더욱 유의미해졌다.

내가 근무하는 컨설팅 회사에서 300개 주요 기업의 인사담당자들을 대상으로 비대면 근무에 관한 설문조사를 실시했는데, 비대면 근무 환경에서 리더에게 가장 요구되는 능력으로 '명확한 업무 지시'를 꼽은 사람이 절반을 넘었다. 두 번째로 꼽힌 능력은 '비대면 소통 능력'이었다.

이처럼 비대면 근무 환경에서 능력을 발휘하기 위해서는 각종 비대면 도구들을 능숙하게 다루면서 명확하게 업무 지시를 내릴 수 있어야 한다. 이는 40대 이상의 직장인이 지금까지 익혀왔던 직장 생활 노하우와는 거리가 멀다. 직급이 높고 나이가 많을수록 비대면 근무 환경에 불만이 많은 건 이 때문이다.

2030 긱 워커들과 협업 또는 경쟁할 수 있을 정도의 빠른 학습 능력, 그리고 디지털 리터러시 역량은 앞으로의 직장 생활을 결정 짓는 중요한 요소가 될 것이다. 존버를 꿈꾼다면, 이 두 가지를 명심하고 대비해야 한다.

소통 리더십과 네트워크 - 나보다 어린 상사를 인정하기

일반적으로 1980년 이후 출생한 세대를 가리켜 '밀레니얼 세대'라고 한다. 얼마 전까지만 해도 밀레니얼 세대는 '요즘 것들'이라 불렸지만, 어느덧 이들 세대는 조직 내에서 팀장의 위치까지 올라왔다. 개인적으로 마케팅 활동을 위해 주요 기업들을 대상으로 밀레니얼 세대 현황을 조사한 적이 있었는데, 새롭게 팀장으로 임명되는 이들 중 절반 이상이 밀레니얼 세대였다. 이런 상황에서 40대 직장인이 맞이하게 될 가장 충격적인 변화는 무엇일까? 바로 나보다 어린 팀장을 맞이하는 일이다.

이미 오래전부터 외국계 기업을 중심으로 젊은 리더가 선발되는 분위기가 있었다. 이러한 파격적 인사 조치는 어디까지나 조직에 신선한 충격을 주기 위한 것이었다. 그러나 최근 들어 리더의 세대 교체가 급격하게 이뤄지고 있다. 이제 40대 이상 직장인 중 리더의 직책을 맡지 않고 있는 이들은 자기보다 어린 팀장과 일하는 것이 피할 수 없는 숙명이 되었다.

이미 팀장을 맡고 있는 사람들의 경우엔 어떨까? 자신보다 어린 임원을 맞이할 가능성을 고려해야 한다. 이미 주요 IT회사나 유니콘 기업에선 30대 대표이사의 등장이 더 이상 낯설지 않다.

나의 강연을 들었던 이들 중 상당수도 자신보다 어린 리더와 일하고 있었다. 일하기가 어떤지를 물어보면 개인의 성향에 따라 다르긴

했지만, 불편함을 느끼는 경우가 대부분이었다. 특히 소외감을 많이 이야기했는데, 어린 팀원들과도 어울리지 못하는데 팀장마저 자기보다 어리니 팀 내에 뭔가 보이지 않는 장막이 드리운 느낌이라는 것이었다.

나보다 어린 리더의 등장 못지않게 '직급 체계의 수평화' 역시 눈여겨봐야 할 변화이다. 나는 몇 년 전, 한 TV 프로그램에서 주최한 직급 체계의 수평화에 대한 토론에 참여한 적이 있다. 토론 준비를 위해 다양한 자료를 찾아보고 의견을 수렴하면서 40대에게 직급 체계 수평화는 결코 유리하지 않다는 사실을 깨달았다.

지금까지의 연공 서열식 인사 제도는 직급이 여러 단계로 나뉘어 있는 피라미드식의 조직 구조를 바탕으로, 오래 근무할수록 더 많은 혜택을 가져가는 구조였다. 그러나 이제는 인구구조의 변화와 저성장 기조로 인한 신규 채용의 감소로 조직 구조가 역피라미드 형태를 띠게 되었다. 역사가 오래된 기업일수록 사원, 대리급의 주니어 직원 수보다 과차장급 이상의 시니어 직원 수가 더 많아지는 기현상이 나타난 것이다. 회사 입장에서는 인건비 부담이 커지므로 수직적인 직급 체계를 수평적 구조로 조정할 수밖에 없다. 급격한 임금 상승이 이뤄지는 승진의 단계를 최소화해 장기 근속의 장점을 최소화하는 것이다.

물론 인건비 부담 외에도 창의적 사고를 위한 자유로운 의사소통이라는 시대적 요구도 큰 영향을 미쳤다. 조직이 수평적이어야 의사소통도 자유롭게 할 수 있다. 임원들의 통찰보다 데이터가 더 많은 걸 말해주는 시대에서 윗선의 훈수는 방해물이 되는 일이 많아졌다. 앞으로는 아무리 경험이 많은 선배라도 객관적인 데이터를 바탕으로 수평적이고 합리적인 의사소통을 할 수 있어야 한다. 입은 닫고 지갑과 귀를 여는 것만이 선배의 유일한 미덕이 되는 시대가 온 것이다.

팀장이 어리다고 해서 '내가 해봐서 아는데' 또는 '내가 이 일만 몇 년을 했는데'라는 말을 할 수 있을까? 통할 리 없다. 그 몇 년간 세상이 너무 많이, 또 빨리 바뀌었기 때문이다. 따라서 나보다 어린 리더를 대할 때 그동안 쌓아왔던 감을 내세우기보다는 논리와 실력으로 접근해야 한다. 또한 소통의 리더십을 발휘해 어린 팀원과 어린 팀장 그 안에서도 녹아드는 친화력을 보여줘야 한다. 그래야 소외되지 않고 존중받을 수 있다.

건강과 자기탐구정신 – 그래도 떠날 때를 생각하며 자기관리 하기

직장에서의 평균 퇴직 연령은 49.4세다. 어찌어찌 버틴다고 해도 고용 시장에서 완전히 은퇴하는 나이는 70대 초반이다. 이런 통계를 인용하지 않더라도 누구나 안다. 언젠가는 조직을 떠나야 한다는 건. 이때 플랜B, 플랜C가 없다면 처절한 말년을 보낼 수밖에 없다.

그래서 직장인 이후의 삶을 미리 계획해야 하지만, 막상 계획을 세우려고 하면 어디서부터 시작해야 하는지 몰라 막막하기만 하다. 게다가 직장에서 겨우 버티고 있는 와중에 숨 쉴 구멍을 만들려고 하니 체력적으로나 심적으로나 무리라는 생각이 든다. 하지만 몸의 건강을 다지며 자신을 알아가는 일을 한 단계씩 천천히 해나가면 빡빡한 직장 생활 속에서도 떠날 때의 나를 위한 준비가 가능하다.

가장 먼저 시작해야 하는 일은 '직장인의 시각'에서 벗어나는 일이다. 직장인은 조직 내에서의 니즈를 포착하는 일에만 몰두한 나머지 조직 외부, 그러니까 시장에서 실제로 벌어지는 일들에 대해서는 무관심하거나 무지하기 쉽다. 나 또한 처음 사업을 시작했을 때 시장에서 필요로 하는 게 무엇인지 몰라 많은 고생을 했다. 막연히 내가 다니던 회사에서 필요로 하는 일이라면 회사 밖에서도 당연히 통할 거라 생각했기 때문이다. 그러나 회사를 나와 보니 내가 하던 일은 시장에서 극히 작은 일부분에 불과했다. 시장에는 정말 다양한 니즈가 존재하고 있었고 이런 것들을 종합하여 시장의 흐름을 파악할 수 있어야 기회를 살릴 수 있는데, 아직 직장인의 시각에서 벗어나지 못했던 나는 그런 기회를 잡을 수 없었던 것이다.

일본에서 1,400개가 넘는 라이프스타일 매장 '츠타야TSUTAYA'를 운영하는 마스다 무네아키增田 宗昭. 그는 일본을 대표하는 사업가이자 탁월한 기획자다. 여느 평범한 사람들처럼 그도 대학을 졸업한 뒤 10여 년간 직장인으로 살았지만, 직장인에게 그는 이렇게 일갈한다.

"직장에 있지 마라, 세상 속에 있어라."

그는 회사 안에 떠도는 정보들에선 신규 사업이나 기획 아이디어가 생겨날 리 없다고 한다. 기회는 회사 안이 아닌 밖에 있다는 것이다. 물론 이 말은 지금 당장 회사를 떠나라는 말이 아니다. 적어도 자신이 몸담고 있는 업계의 거시적 동향만큼은 마케팅이나 영업을 담당하는 직원들 못지않게 세밀하게 파악하고 있어야 한다는 말이다.

덧붙이자면 동향만 파악하는 것이 아니라 왜 그렇게 움직이고 있는지 나름의 분석도 해야 한다. 이 분석이야말로 어디에서나 살아남을 수 있게 하는 나의 생존 자원이 된다. 지금 시장이 이러하니 내가 잘하는 일, 그것도 회사 안에서 잘하는 일 외에 다른 방면에서도 써먹을 수 있는 능력을 접목하면 직장을 떠나서도 살아남을 수 있다는 자신감이 생긴다. 아무리 나갈 때를 준비하며 능력을 쌓아왔어도 직장인의 시각을 버리지 않은 채 회사를 나가면 우물 안 개구리 신세를 벗어나기 힘들다.

물론 매일 업무에 치이는 와중에 회사 바깥에서 돌아가는 일까지 신경 쓰며 나의 강점과 연결해 파악하기란 쉬운 일은 아니다. 하지만 반대로 말하면 자신이 몸담고 있어 잘 알고 있는 분야의 동향도 제대로 파악하지 못하는데, 어떻게 큰 시장을 이해하고 분석하여 돈을 벌 수 있을까? 그런 훈련조차 하지 않고 회사라는 울타리를 벗어나면 소위 말하는 '꾼'들의 먹잇감이 될 가능성이 크다.

그러므로 지금부터는 회사 내에서 일어나고 있는 크고 작은 일들에 안테나를 세우며 일희일비하지 말자. 그보다는 나의 강점부터 시작해 점차 시야를 넓혀서 시장 전체를 이해하려는 노력을 기울여야 한다. 그래야 더 많은 기회를 잡을 수 있다.

이직

넓은 시야와 객관적 상황 판단 - 분명한 이직 목적 정하기

40대는 최소 10년 이상의 경력을 가지고 있다. 특히 한 직장에 계속 있었던 사람이라면 현재의 직장이 권태롭긴 하지만 결코 불편하진 않은 조용한 휴양지라고 할 수 있다. 하지만 이직은 온통 적으로 둘러싸인 낯선 정글에 스스로 걸어 들어가는 것과 같다. 그러므로 목적성과 방향성이 명확해야 한다. 단순히 답답하다는 이유로, 일시적인 감정에 의해서 이직을 결심하는 일은 없어야 한다.

어느 회사든지 40대 직원들 사이의 경쟁이 가장 치열하다. 대부분의 40대들은 팀장 등 리더의 책임을 수행하고 있기 때문에 서로를 잠재적인 경쟁자로 인식한다. 이런 상황에서 굴러온 돌이 나타나면 어떤 반응을 보일까? 협조는커녕 끊임없는 공격을 시도할 것이다.

국내 유수의 대기업에서 근무하던 K부장은 이직 후 큰 곤경에 처한 대표적인 사례다. 그는 한마디로 잘나가던 사람이었다. SKY 출신에 영어도 능통해서 각종 중요 프로젝트를 도맡아해왔다. 그의 소문은 업계에 파다했고 그는 다른 대기업 그룹사에 프로젝트 총괄로 스카웃되었다. 40대 중반의 나이에 성공이란 것이 그를 찾아온 듯 보였다.

그러나 기쁨도 잠시, 이직한 그룹사의 기존 팀장들이 똘똘 뭉쳐 그를 음해하기 시작했다. 이미 포트폴리오가 기존의 40대 팀장급들보다 월등하고 게다가 스카웃으로 온 사람이니 여기서 더 좋은 프로젝트를 가져갔다간 그 차이가 너무 벌어질까 두려웠던 것이다. 임원 승진을 목표로 한 이들도 적지 않아 견제가 생각보다 심했다. 그들은 '굴러온 돌'에 불과한 사람의 지시에 따라야 할 처지를 받아들일 수 없다며 교묘하게, 때론 대놓고 반기를 들었다. 그 상황에서 갈등은 예정된 수순이었다. 안타깝게도 경영진은 '박힌 돌들'의 손을 들어줬고 결국 K부장은 1년도 버티지 못하고 다른 계열사로 쫓겨나다시피 밀려났다. 이후 극심한 스트레스로 인해 병원 신세까지 지게 된 그를 보면 40대의 이직 리스크가 얼마나 큰지 짐작할 수 있다.

모든 이직의 결말이 이와 같지는 않다. 이직을 통해 연봉의 앞자리가 변하기도 하고 연봉은 좀 깎이더라도 평소 원하던 분야에 도전해서 성공한 경우 등 얼마든지 좋은 결말을 맞이할 수 있다. 다만 그 과정이 순탄하지 않을 가능성이 클 뿐이다. 그러므로 이직을 하기 전 그 모든 위험을 감수하고도 이직할 가치가 있는지 냉정하게 계산해봐야 한다.

특히 이직을 고민 중인 사람에게는 이직의 목적을 명확하게 정하는 것을 무엇보다 우선으로 생각하라고 말하고 싶다. 이왕 이직을 하기로 마음먹었다면 이직한 회사에서 내가 반드시 꼭 얻는 것이 존재해야만 한다. 시장 상황이 불안정해 희망퇴직을 받고 그 과정에서 이직을 고민하는 사람이 동종 업계, 그것도 현 회사보다 장기적 전망이 좋지 않은 회사로 이직하는 경우 얻을 수 있는 게 명확하지 않다. 당장 연봉이나 직급을 조금 높여서 갈 수 있다더라도 그 연봉이 언제까지 보장되는지가 확실치 않다면 그건 명확한 이직 목표가 될 수 없다.

객관적인 상황 판단 능력으로 이직할 회사 후보군을 넓게 바라보자. 그리고 그들 회사에 갔을 때의 여러 이득과 그 이득의 확률을 꼼꼼히 따지자. 안정적으로 고연봉을 유지할 수 있는 사업 구조인지, 회사의 안정성이 월등하다든지, 자녀 학자금 지원 등의 복리후생이 현재 내 삶에 딱 맞아떨어진다든지, 내가 가진 강점을 새롭게 발휘할 토대를 확실히 제공받을 수 있는지 등을 확인한 뒤에 그 이득이 목적이 되어도 충분한지를 판단하여 이직을 결정해야 한다. 그리고 이 이직 목적을 채워주는 회사가 있다면 목적에 포커싱하여 확실히 취하고 부족한 부분에 대해서는 위험을 감수하거나 대비해야 한다.

소통 리더십과 네트워크 - 환경에 녹아들어 아군 만들기

이직의 목적을 분명하게 정하는 일 외에도 새로운 조직의 문화와 환경에 빨리 적응하는 것 역시 중요하다. 낯설고 위험한 정글의 환경을 재빨리 파악해야 하는 것이다. 조직 문화가 상명하복식인지, 수평적인지 파악하는 것부터 시작해서 커뮤니케이션의 형태와 의사결정의 방식, 속도 등을 파악하고 거기에 적응하려는 노력을 기울여야 한다. 특히 대기업에서 근무하다 40대에 희망퇴직을 하게 되면 중소기업으로 이직할 가능성이 큰데, 이런 경우 대기업과는 다른 환경에 적응하는 데 많은 노력이 요구된다.

예를 들면 대기업에서는 문서를 통해 보고한 다음 이를 기록으로 남기는 경우가 대부분이다. 그러나 규모가 작은 회사는 이와 정반대인 경우가 많다. 작은 회사에서는 일의 처리 '속도'가 무엇보다 중요하기 때문에 중요한 일이라 할지라도 문서보다 구두로 보고하는 일이 잦다.

또한 작은 기업일수록 CEO의 영향력이 큰 곳이 많으므로 CEO의 성향과 의사소통법을 재빨리 파악해야 한다. CEO의 성향이 곧 조직 문화라 할 수 있을 정도로 CEO의 성향이 막강하기 때문이다. 절대 잊지 말아야 할 건 CEO라 불리는 사람들의 마음속에는 꼰대가 살고 있다는 사실이다. 꼰대형 CEO는 남의 이야기에 귀 기울이지 않는다. 그만큼 자신의 성공 방식에 도취되어 있다. 특히 창업 CEO의 경우 그런 경향이 더욱 뚜렷하다. 그러므로 CEO와 부딪치기보다 CEO의 의중을 파악하고 그 방향에서 벗어나지 않도록 노력하자.

환경의 특성만 파악한다고 무사히 생존할 수 있는 걸까? 한 가지 중요한 일이 더 남았다. 나의 '아군'을 만드는 일이다. 40대에 이직하면 대부분 팀장 등 리더의 자리로 옮기게 된다. 그래서 이직 후 곧바로 디테일한 실무보다 프로젝트 리더의 역할을 하면서 특정한 성과를 내야 하는 경우가 많다. 성과를 내기 위해서는 다른 팀과의 협업이 필수다. 협업에 성공하면 성과를 내기 수월해지지만 협업에 실패하면 성과는커녕 또다시 다른 곳을 찾아 떠나야 하는 불상사가 생긴다.

아군을 만드는 가장 좋은 방법은 자신이 가진 지식이나 노하우로 먼저 도움을 주는 것이다. 이직 후 한동안은 의자에 앉아 있는 시간보다 두루 돌아다니며 직접 얼굴을 보며 업무 협조를 구하는 시간이 더 많아야 한다. 그래야만 하루라도 빨리 박힌 돌들의 마음을 열 수 있다. 앞서 마흔의 품격 요소로 보이지 않는 네트워크를 만들어야 한다고 말했다. 이직에 있어서 이 보이지 않는 네트워크를 얼마나 빨리, 넓게 만드느냐가 이직 후의 성패를 좌우한다. 새로운 무리에서 나를 허브로 하는 네트워크가 생기면 그 누구보다 오래 살아남을 수 있다.

건강과 자기탐구정신 – 철저한 검증에 대비하기

자, 드디어 40대에 이직을 결심하고 10년 만에 이력서를 쓰고자 책상에 앉았다. 그런데 이게 웬일인가? 뭐라고 써야 할지, 뭐부터 써야 할지 막막하기만 하다. '10년이 넘는 시간 동안 나는 도대체 무슨 일을 한 건가' 하는 의문에 사로잡힐지도 모른다. 도대체 40대의 이력서에는 어떤 내용이 담겨 있어야 할까? 그 답을 알기 위해서는 40대 이직의 특성을 알아야 한다.

20대의 이직 경쟁력은 '잠재력'이다. 그래서 학벌이나 학위 따위가 중요한 판단 기준이 될 수 있다. 30대에는 '이 일을 해본 적이 있는가?' 하는 실무 능력이 중요한 판단 기준이 된다. 그래서 '경력'이 중요하다.

40대에는 '이 일을 해낼 수 있는가?'가 이직의 핵심 기준이 된다. 단순히 지식이나 경험만 있다고 해서 성과를 낼 수 있는 게 아니므로 '그 이상의 무언가'가 있다는 걸 스스로 증명해내야 한다. 40대의 이력서에는 이를 증명할 내용들이 담겨 있어야 한다. 단순히 경력이나 경험만을 나열해서는 서류 합격의 문턱조차 넘기 힘들다.

그동안의 경험이나 성과 너머 그 이상의 무언가를 담아내기 위해서는 자신이 성과를 낼 수 있었던 핵심 능력을 파악해야 한다. 왜 내가 그 일에서 성과를 낼 수 있었던 것인지, 나 말고 다른 사람이 그 일에 투입되었다면 과연 어떤 성과가 있었을 것인지에 대해 깊이 생각해보자. 다른 사람은 현장 경험이 부족하지만 나는 자발적 현장 경험이 많아 사무실과 현장 사이의 조율을 잘할 수 있었다거나 같은 마케팅 사업부에 있었어도 B2C보다 B2B 경험이 많아 큰 프로젝트도 성공적으로 이끌었다는 등 내가 잘할 수 있었던 핵심 능력을 파악해야 한다. 그런 성찰을 통해 성과의 결정적인 원인을 파악하고 나서 자소서 쓰기에 돌입해야 그 이상의 무언가를 어필할 수 있다.

물론 여기에는 이직하고자 하는 회사에서 맡게 될 역할에 대한 이

해도 철저하게 담겨 있어야 한다. 이전 회사에서 켜켜이 쌓아 올린 핵심 능력을 이직 후 맡게 될 새로운 역할에 대입해도 충분히 성공할 수 있을 것이라는 믿음을 심어줘야 하는 것이다. 그것이 바로 40대 이직의 성공 포인트다.

40대 이직의 또 다른 특성은 '철저한 검증'이다. 역할이 중요할수록 사전 검증도 치밀하다. 면접에서는 전문가의 날 선 질문들이 날아올 것이다. 최소 20년 이상 업계에 몸담았던, 산전수전 다 겪은 CEO나 임원들이 던질 질문들은 신입사원 채용 때의 두루뭉술한 질문과는 차원이 다르다. 프로젝트를 진행했던 구체적인 경험, 업계의 동향에 대한 의견과 관점, 기술에 대한 이해도 등 다양한 질문을 던질 것이다. 그들은 이런 질문들을 통해 당신이 어느 정도의 내공을 가지고 있으며, 성격적인 특성은 어떠한지 꼼꼼하게 살펴본다.

여기에 더해 자신이 해온 일에 대해서 줄줄 꿰는 건 당연한 일이다. 특히 이력서에 기재한 내용에 대해서는 철저하게 대비해야 한다. 또 지원한 회사의 제품이나 서비스군에 대해 정확하게 파악한 후, 이를 바탕으로 입사 시 자신이 맡게 될 역할을 최대한 구체적으로 시뮬레이션하면서 준비해야 한다.

3년 전 현재 회사에 입사하기 위해 면접을 볼 때의 일이다. 당시 CEO는 나에게 '이미 우리 회사는 25년간 축적된 수많은 콘텐츠가 있는데, 이를 가지고 어떤 마케팅을 할 수 있을까요?'라는 질문을 했다. 나는 당연히 이런 질문이 나올 거라 예상하고 기존의 상품군과 마케팅 전략을 유심히 살펴보고 내가 할 수 있는 활동이나 과거 경험을 토대로 상당히 구체적인 답변을 내놓았다. 막힘없이 답하는 나를 면접관들은 분명 긍정적으로 보았을 것이다.

오랜 시간 내공을 쌓은 사람들은 단숨에 사람을 읽어낼 수 있는 능력이 있다. 그러므로 이런 과정을 거치는 동안 당신의 역량은 적나라하게 드러나니 평소 자기자신에 대한 탐구를 통해 스스로의 강점을 잘 파악하고 있도록 하자.

품격 있는 이직러를 위한 팁1
연봉 협상법

이직을 결심하게 되는 가장 중요한 요소는 바로 연봉이다. 대부분의 기업은 직급별로 연봉 테이블이 정해져 있는 경우가 많지만, 경력직 입사는 협상 결과에 따라 그와 상관없이 책정될 수 있다. 연봉 협상을 할 때의 기준은 직전에 근무하던 회사에서 받던 연봉인 경우가 대부분인데, 이때 어떤 전략을 세워 접근하느냐에 따라 연봉 결과가 달라질 수 있다. 그렇다면 어떤 전략을 세워야 보다 효과적으로 연봉 협상을 할 수 있을까? 아래의 3단계 협상 과정을 참조하면 효과적으로 임할 수 있다.

1단계 - 철저한 사전 정보 파악

해당 기업의 연봉이 어느 수준인지 정확하게 파악할 필요가 있다. 요즘에는 온라인에서도 어렵지 않게 정보를 구할 수 있는 편이지만, 이런 정보들은 100% 신뢰하기에는 무리가 있다. 그러므로 헤드헌터나 그 회사에 근무하고 있는 지인을 통해 더 알아보자.

전자공시의 사업보고서 등 객관적인 자료를 확인하면 큰 도움이 된다. 상장 회사이거나 주주 500인 이상의 비상장 회사라면 사업보고서 또는 분기보고서를 참조하면 되며, 사업보고서가 공시되지 않은 회사는 재무제표의 감사보고서를 보면 된다. 이 자료들을 활용하면 그 회사의 1인당 평균 급여를 알 수 있다.

사업보고서의 경우 '임원 및 직원 등에 관한 사항(Ⅷ)'이라는 항목에 '1인 평균 급여액'이 표기되어 있으므로 이를 참조한다. 감사보고서의 경우 이직하고자 하는 회사의 감사보고서를 검색하면 화면 좌측에 '주석' 항목이 있다. 들어가 자료들을 살펴보면 '비용의 성격별 분류'라는 항목이 나타나는데 여기의 '종업원 관련 원가'가 바로 종업원의 총급여 액수다. 총급여 액수를 전체 종업원 수로 나누어 1인당 평균 급여를 알아보자.[9]

전자공시 시스템을 참고하면 이직하고자 하는 회사의 평균 급여 수준은 물론 더 자세하고 객관적인 회사 정보까지 얻을 수 있어 매우 유익하다. 지원자가 이런 정보를 바탕으로 협상에 임하면 협상의 상대방이라고 할 수 있는 인사담당자나 현업 팀장은 긴장할 수밖에 없다. 일종의 기선 제압까지 할 수 있는 것이다.

2단계 - 내 안에 숨은 플러스 포인트 찾기

두 번째 전략은 자신이 가진 '플러스 포인트'를 찾는 것이다. 플러스 포인트란, 경력을 추가로 인정받을 수 있는 플러스 요소를 말한다. 기업의

---

9 종업원 수는 감사보고서 상단의 '첨부'를 클릭하면 '기업개황자료'에서 볼 수 있음

규모가 클수록 주먹구구식 협상을 하기보다는 근속 연수별로 정해진 연봉 테이블을 바탕으로 협상이 진행된다. 대부분의 채용 공고에서는 연봉을 표시할 때 '회사 내규에 따름'이라는 표현을 쓰는데, '회사 내규'라는 것이 바로 이러한 연봉 테이블을 의미한다. 그러므로 더 많은 경력을 인정받을수록 연봉 테이블에서 상위 포지션을 차지할 수 있다.

가장 흔한 사례는 박사 학위나 해외 MBA 등의 학위 또는 노무사 등의 국가공인자격증에 대한 경력 우대를 들 수 있다. 이러한 플러스 요소가 있으면 2년 정도 경력을 추가로 인정받을 수 있다.

하지만 이런 뚜렷한 요소가 없을 때는 어떻게 해야 할까? 지원한 포지션에 관련된 경력을 찾으면 된다. 예를 들어 특정 지역권을 담당하는 해외 영업 팀장에 지원했다면 그 지역에서 일한 경력에 대해 플러스를 받을 수 있도록 협상하는 것이다. 팀장이나 임원을 뽑는 경우 리더의 역할을 수행한 경력도 플러스 요인이 된다. 지원한 포지션에 직접적인 연관성을 가진 경력은 충분한 플러스 요소가 될 수 있는 것이다. 반면 연관이 없는 경력은 플러스를 인정받기 힘들 수도 있으니 주의하자.

국내 IT기업에서 개발자로 근무하던 T씨는 40대 초반에 외국계 IT기업으로 이직하면서 연봉 협상을 진행했다. 나 또한 외국계 기업에서 근무했던 경험이 있었기에 그의 연봉 협상을 도와주게 되었다. 그는 이직하고자 하는 회사에서 꼭 필요로 하는 기술과 경험을 보유해 충분한 플러스 요소를 가지고 있었다. 그 덕분에 이전 회사에서 받던 연봉보다 수천만 원이나 더 받을 수 있었다. 하지만 아쉬움도 있었다. 그가 지원한 포지션이 개발을 책임지는 리더가 아니었기에 팀장 경력에 대한 경력 플러스를 인정받을 수는 없었던 것이다. 그러나 무리하게 연봉 인상을 주장하면 채용 자체가 무효가 될 수 있을 거란 판단에 우리는 아쉬움을 남긴 채 연봉 협상을 마무리했다.

이처럼 대부분의 기업들은 대부분 정해진 연봉 테이블을 바탕으로 협상을 진행하기에 내 안에 숨은 플러스 포인트를 찾아 협상하는 것이 효율적이다. 이런 요소를 바탕으로 협상을 진행해야 보다 매끄럽고 합리적인 협상을 할 수 있다는 점을 명심하자.

3단계 - 인센티브, 스톡옵션 등의 '성과' 옵션 알아두기

내 안에 있는 숨은 플러스 요소를 내세우는 것만으로 연봉 협상은 끝나는 걸까? 대부분 거기서 마무리되지만, 아직 끝은 아니다. 경우에 따라서는 특정 성과를 설정한 다음 이에 대한 인센티브를 받는 방식도 고려할 수 있다. 이러한 방식은 주로 성과를 중시하는 외국계 기업 또는 스타트업 등에서 자주 사용된다. 스타트업은 지금 당장 지급할 수 있는 연봉의 액수가 많지 않으므로 스톡옵션으로 보충하는 방식을 주로 사용한다.

성과 옵션을 연봉 협상에서 사용하고자 할 땐 두 가지를 신경 써야 한다. 첫 번째는 인센티브를 받을 조건인 성과 지표를 설정하는 부분이며, 두 번째는 합의를 구체적이고 명확하게 문서화하는 부분이다.

성과 지표 설정은 성과를 측정할 때 사용되는 핵심성과지표(KPI, Key Performance Indicator)와 동일하게 설정해도 되지만, 그보다도 단순하고 명확하게 설정하는 것이 좋다. 즉, KPI 중에서도 가장 핵심적인 지표 한 가지만 설정하는 것이 절대적으로 유리하다. 여러 가지 지표를 설정해놓으면 나중에는 발목만 잡히게 될 뿐이다. 또한 핵심 지표는 숫자로 명확하게 설정해야 한다. 마케팅이나 영업 직군에서 매출 상승 폭을 지표로 설정하는 것이 대표적이다.

지표를 설정했다면 이를 구체적으로 문서화해야 한다. 문서화하지 않으면 협상은 아무런 의미가 없다. 입사 후 근로계약서에 서명하기 전 인사팀에서 배포해주는 계약서에 논의한 내용이 구체적으로 명시되어 있는지 다시 한번 확인하자. 이때 지급 조건과 함께 지급 시기와 방법에 대해서도 구체적으로 명시되어 있는 것이 좋다.

지금까지 살펴본 것처럼 3단계로 연봉 협상을 진행한다면 이직하는 회사와 얼굴을 붉히지 않고도 합리적으로 협상을 진행할 수 있다. 다만 이러한 협상에는 한 가지 중요한 전제 조건이 있는데, 바로 '현직'에 있어야 한다는 것이다. 이미 퇴사한 상태에서 연봉 협상을 진행하는 경우 경쟁력이 떨어질 수밖에 없다. 현직에서 근무하고 있어야 더 자신감 있게 플러스 포인트를 주장할 수 있다. 이미 퇴사한 경우라면 3단계 성과 옵션 외에는 주장할 수 있는 게 없다. 이때 성과 옵션을 과도하게 설정하기도 하는데, 나중에 큰 부담으로 작용할 수 있다. 그러므로 가급적 퇴사하기 전에 연봉 협상을 마무리해야 한다는 사실을 명심하자.

품격 있는 이직러를 위한 팁2
스타트업 이직

40대들은 과거 벤처 기업 붐에 대한 기억이 있을 것이다. 벤처 기업과 스타트업의 차이는 무엇일까? 벤처 기업은 '벤처기업 육성에 관한 특별조치법'에서 정하는 요건을 충족하는 기업을 뜻한다. 그러나 90년대 후반 인터넷이 활성화될 무렵에 등장한 소규모 기업을 '벤처'로, 2000년대 등장한 모바일 비즈니스에 도전하는 소규모 기업을 '스타트업'이라고 이해하는 것이 일반적이다.[10] 핵심적인 비즈니스 모델과 시대 배경만 달라졌을 뿐 소규모 인원이 모여 모험을 강행한다는 점에선 큰 차이가 없다.

마크 주커버그 등 실리콘밸리에서 신화를 창조한 인물들이 대부분 20대라서 스타트업은 젊은이들의 전유물이라는 인식이 강하다. 그러나 시리즈 A, B, C[11]와 같은 단계적 투자가 활성화되면서 스타트업의 조직

---

10 그렇다고 모든 스타트업이 모바일 비즈니스를 하는 건 아니다.
11 시리즈 A, B, C 투자는 실리콘밸리에서 시작된 것이다. 일반적으로 시리즈A 투자는 시제품을 가진 스타트업에 대한 투자로 10~30억 수준으로 이뤄진다. 시리즈B는 시장에서 어느 정도 인정받은 스타트업에 대한 투자이며 50억 이상의 투자를 의미한다. 많게는 500억 이상의 투자도 이뤄진다. 시리즈C 투자는 시장에서 확실히 존재감을 보여준 스타트업의 해외 시장 공략 등을 목표로 한 투자가 대부분이라 금액도 상당히 크다. 이때부터는 투자은행이나 헤지펀드와 사모펀드가 참여하기도 한다.

규모가 갈수록 커지고 있어, 이를 관리할 경험 많은 시니어급 직원에 대한 수요도 날로 높아지고 있다. 시작은 소수의 인원이었던 스타트업이라 해도 투자를 받으면서 점점 몸집을 불린 '무늬만 스타트업'인 기업이 많아지고 있는 것이다.

조직 규모가 일정 수준 이상에 이르면 스타트업 특유의 자유롭고 독립적인 스피릿(Spirit)만으로는 조직을 유지하는 게 불가능해진다. 그러므로 급격하게 성장하는 스타트업일수록 자금 운영, 인사, 상품 기획 등 각 분야의 노련한 전문가들이 필요한 것이다.

그래서 스타트업으로의 이직은 40대에게 새로운 기회가 될 수 있다. 실제로 대기업 등에서 10년 이상의 경력을 쌓은 과차장급 직원들이 스타트업으로 이동하는 사례가 점점 늘어나고 있다.

국내를 대표하는 카드 회사에서 글로벌HR 업무를 담당하던 K차장은 이러한 움직임에 일찍 올라타 성공을 거뒀다. 4년 전, 카드 업계가 주춤하기 시작하던 시기, 그는 어느 스타트업으로부터 이직 제의를 받았다. 스타트업 대표는 그에게 글로벌 비즈니스를 담당할 현지 인력 채용과 현지 법인을 설립하는 일을 요청했다. 당시 40대 초반이었던 K차장은 현재의 높은 연봉과 미래의 도전 사이에서 많은 고민을 했다. 아무리 카드 업계가 어려워지고 있대도 금융권의 높은 연봉을 포기하는 건 쉽지 않았다. 하지만 그는 새로운 도전을 선택했다. 스타트업은 그의 연봉을 낮추는 대신 그에게 상당한 스톡옵션을 약속했다. 이직 후 K차장은 현지 법인을 성공적으로 설립했으며 그 덕분에 회사는 투자자들로부터 해외 비즈니스 능력을 인정받아 시리즈C 투자를 유치할 수 있었다. 손정의 회장이 운영하는 비전 펀드로부터 2천억 원의 투자를 받는 쾌거도 이루었다. K차장이 옮긴 회사는 바로 인공지능 비즈니스를 영위하는 '뤼이드(Riiid)'. 그는 현재 뤼이드에서 글로벌 거버넌스를 담당하는 임원이며, 그가 행사할 수 있는 스톡옵션의 가치 역시 상당한 수준으로 상승했다.

하지만 모든 스타트업이 이런 신화를 쓰는 건 아니다. 1년 전 2금융권에서 고객 서비스 업무를 담당하던 L과장 역시 만 40세가 되던 해 스타트업으로 이직했다. 당시 새로운 비즈니스 모델로 주목받던 스타트업이 고객 서비스 향상을 위해 L과장을 영입하기로 한 것이었다. 하지만 L과장이 이직할 즈음 J커브를 그리며 급격하게 성장하던 회사의 성장세가 점점 둔화되기 시작했다. 성장 둔화가 장기화되자 회사는 고객 서비스보다는 다시 성장에 집중하기 시작했다. 자연히 L과장의 역할도 축소될 수밖에 없었다. 결국 그는 몇 달이 지나기도 전에 또 다른 곳으로 이직해야만 했다.

스타트업 이직은 그 앞날을 알 수가 없다. 'High Risk, High Return'인 셈이다. 슬슬 안정을 추구해야 하는 40대의 나이에 감행하기엔 너무 부담스러운 모험이다. 하지만 스타트업에서 제공한 스톡옵션으로 막대한 수익을 거둔 주변 사람들의 이야기를 들으면 배가 아픈 것도 사실이다. 그러면 40대의 나이에 스타트업으로의 이직을 고민할 때 어떤 점들을 살펴봐야 할까? 스타트업으로 이직한 이들을 인터뷰한 결과, 세 가지의 필수 고려 사항을 발견할 수 있었다.

고려 사항1 - 자신의 업무 성향

업무 스타일이 주어진 일에만 충실하거나 도전적인 상황에 거부감·불안감이 큰 성향이라면 스타트업 이직은 반려하는 것이 좋다. 물론 시리즈 C 이상의 투자를 받은 스타트업은 무늬만 스타트업이니 상관없지만 그 단계가 아닌 스타트업은 포기하는 게 낫다.

반면 도전적이고 기존의 틀을 깨고 싶어 하는 자기주도적 업무 성향이라면 스타트업이 딱이다. 스타트업엔 이런 사람들이 모여 있다. 실제로 스타트업으로 이직한 사람들을 대상으로 설문조사를 실시한 결과 가장 만족도가 높은 항목이 '자기주도적 업무 추진이 가능하다'는 점이었다. 특히 설립 초기의 스타트업은 아무런 시스템도 갖춰진 것이 없는 상태이기 때문에 자기주도적 업무 환경이 주어질 수밖에 없다. 게다가 스타트업은 의사결정 속도도 상당히 빠른 편이라 그만큼 사업 환경의 변화 속도도 빠르다. 이처럼 자신이 거칠고 변화무쌍한 도전적인 환경을 즐기는 성향이라면, 스타트업으로의 이직을 고려해볼 만하다.

고려 사항2 - 스타트업 이직 후 커리어 설계

스타트업의 체감 근속 연수는 1년 정도에 불과하다. 그만큼 오래 근무할 수 있는 환경이 아니다. 이런 환경은 어쩌면 안정적인 직장 생활을 원하는 40대에겐 가장 취약한 환경일 수 있다. 그러므로 스타트업 경험을 발판으로 창업을 준비하거나 다른 스타트업으로의 이직 등 반드시 플랜B를 생각하면서 움직여야 한다.

다행히 최근에는 스타트업이라 할지라도 유니콘 기업으로 인정받거나 시리즈B 이상의 성과를 거둔 기업에서 활동한 경우 다시 대기업으로 돌아오는 사례가 늘었다. 모바일에 취약한 대기업이 모바일 비즈니스를 강화하거나 대기업에 스타트업과 같은 도전적인 스피릿을 심기 위해 스타트업 출신을 선발하는 것이다. 그러나 아직은 그런 사례가 많지는 않기에 스타트업으로 이직하기 전에는 반드시 그다음 단계에 대해서도 충분히 생각해봐야 한다.

고려 사항3 - 그 회사의 상황

가장 중요한 건 이직하고자 하는 스타트업의 성장 가능성이다. 현재 그 회사가 어느 정도의 투자를 받고 있는지, 다음 단계의 투자를 받을 가능성이 어느 정도 되는지, 이를 위해서 자신이 공헌할 부분이 있는지 등 구체적인 정보를 바탕으로 철저히 고려해야 한다.

일반적으로 시리즈A 이전의 단계라면 말 그대로 아무것도 갖추어져 있지 않다. 그러므로 온갖 궂은일을 다 해야 한다. 시리즈A 단계에서도 크게 다르지는 않다. 예를 들어 대기업에서 인사 기획을 담당하던 40대 차장이 초기 단계에 있는 스타트업으로 이직하는 경우 직원들의 급여 지급에서부터 4대 보험 처리까지 구체적인 실무를 직접 소화해내야 한다. 한마디로 다시 신입사원으로 돌아가야 하는 것이다.

반면 시리즈B 이상의 투자를 받은 단계라면, 이때부터는 체계적인 전략 수립과 상품군 확장, 해외 시장의 개척, 전문적인 자금 운영 등 각 분야별 전문가가 필요해진다. 그러므로 40대가 스타트업으로 이직하기 가장 좋은 단계가 바로 이때라고 할 수 있다. 물론 스타트업마다 상황이 다르므로 구체적인 정보를 파악한 다음 이직하는 것이 가장 현명한 방법이다.

창업

넓은 시야와 객관적 상황 판단 - 교만함 버리고 충분한 경험 쌓기

나는 퇴사하기 5년 전부터 HRD 사업과, 전업 강사가 되기 위한 나름의 준비를 해왔다고 생각했다. 하지만 막상 사업을 시작하고 보니 허술한 게 한두 가지가 아니었다. 그중에서 제일 큰 문제는 고객사 확보를 제대로 하지 않았다는 점이었다. 콘텐츠만 있으면 고객이 알아서 찾아와줄 거라는 착각에 빠져 있었던 것이다.

당시 출간된 1인 기업에 관한 책 중에서 '영업'의 중요성에 대해 강조하는 책은 별로 없었다. 어쩌면 있었는데도 내가 눈여겨보지 않았다고 하는 게 더 정확할지 모른다. 업계의 반응이나 고객의 반응을 미리 테스트한 다음 어느 정도의 잠재력이 보이면 그때 창업을 해도 충분했는데, 근거 없는 자신감에 사로잡혀 서둘러버렸다. 한마디로 교만했던 거다. 창업을 하고 나서야 현실을 깨달았고, 그 덕분에 6개월 동안 단한 푼도 벌지 못한 채 막을 내려야 했다. 준비 없는 창업이 얼마나 처참한 결과를 가져오는지를 처절하게 경험한 순간이었다.

만약 그때로 다시 돌아간다면 나는 어떤 준비를 할까? 우선 내가 창업하고자 하는 분야와 제일 관련이 깊은 회사에 취업해서 생생한 경험을 쌓거나 업계의 동향을 파악했을 것이다. 물론 회사를 다니면서 충분한 경험을 쌓았지만, 그건 어디까지나 내가 다니던 회사 내에서만 필요로 하던 거라 회사 밖의 사정은 알 방법이 없었다. 나는 회사를 뛰쳐나와 HRD 사업을 시작하기 전에 관련 컨설팅 기업에서 먼저 경험을 쌓았어야만 했다.

그런 다음 내가 만든 상품이나 콘텐츠, 서비스 등에 대한 시장의 반응을 살필 것이다. 대부분의 스타트업이 망하는 이유는 시장에서 필요로 하지 않는 제품을 만들기 때문이라는데, 나에게는 그런 일이 생기지 않을 거란 착각에 사로잡혀 있었다. 그러므로 그때로 돌아간다면, 블로그나 SNS 등을 활용하여 내가 구상한 제품이나 서비스에 대한 고객의 반응을 미리 살펴본 다음 결정할 것이다.

사실 이제 와 이런 생각을 해본들 아무런 의미가 없다. 그냥 가슴만 아플 뿐. 나와 같은 전철을 밟지 않으려면 창업 전에 철저한 선행학습을 통해 가능성을 타진하거나 리스크를 최소화할 수 있는 방안을 마련해야 한다.

잘 알려지지는 않았지만, 우리가 알고 있는 위대한 창업자들 역시 처음부터 과감하게 창업 전선에 뛰어든 건 아니었다. 오히려 그들 중 상당수가 창업한 뒤에도 계속 직장에 다녔다. 와튼스쿨 조직심리학 교수인 애덤 그랜트 Adam Grant가 쓴《오리지널스》[12]에는 창업 이후에도 다니던 직장을 떠나지 못한 위대한 경영자들이 소개되었다. 생각보다 소심했던 그들의 행보를 보면 웃음이 나올 지경이다. 구글의 공동 창업자인 래리 페이지Larry Page와 세르게이 브린 Sergey Brin은 박사 과정을 무사히 마치기 위해 구글을 헐값에 매각하려고 했고, 애플의 공동 창업자인 스티브 워즈니악Steve Wozniak 등 모두가 우러러보는 경영자들조차 사업이 어느 정도 궤도에 오른 다음에야 다니던 회사를 떠날 수 있었다. 참고로, 빌 게이츠Bill Gates 역시 잘 알려진 것처럼 학교를 중퇴하고 창업에 뛰어든 게 아니었다. 소프트웨어 개발 후 1년이 지나서야 학교의 허락을 받아 휴학했다. 그가 얼마나 신중했는지 알 수 있는 부분이다. 한마디로 성공한 창업자들은 무모한 도전을 하기보다는 돌다리도 두들겨 가면서 조심스럽게 성장해나간 것이다.

건강과 자기탐구정신 - 체력을 밑바탕으로 마인드컨트롤하기

이런 얘기를 들으면 '창업은 힘드니까 포기하라는 소리인가?'라는 생각이 들 수 있다. 솔직히 말하면 40이 넘은 나이에 창업 전선에 뛰어드는 건 정신적으로나, 특히 체력적으로 쉬운 일이 아니다. 첫 창업

---

12 애덤 그랜트 저, 홍지수 역, 한국경제신문사(한경비피), 2020.12.22.

에 1인 창업이기까지 한다면, 모든 걸 다 세팅하느라 잠도 자기 힘들고 만나야 할 사람도 많은데 법적인 부분까지 처리하느라 쉴 시간이 없다. 금방 지치거나 계획보다 시간이 더 걸리기 십상이다. 또 정부에서 지급해주는 창업지원금은 대개 39세 미만의 청년을 대상으로 한다. 나라 도움도 쉽게 받을 수가 없으니 경제적인 부분에서도 숨이 턱턱 막힐 듯할 것이다.

그만큼 창업은 몸과 마음을 많이 다치게 한다. 그리고 대부분의 상처는 창업에 대한 환상 때문에 일어난다. '다른 사람은 다 망해도 나는 망하지 않을 거야!', '이 아이템으로 망할 리가 없어!', '사업을 시작하자마자 문전성시를 이룰 거야!'라는 환상은 창업 직후 깨지기 십상이고 깨진 파편에 마음이 다치는 건 당연지사다. 마음이 다치면 몸에도 문제가 생긴다. 뭘 해보기도 전에 올스톱이 될 수가 있다.

물론 무조건 망할 거란 비관을 하면 안 되겠지만, 그렇다고 회사에서 쌓은 능력이니까 밖에서도 무조건 잘 통하리라는 생각을 하고 있다면, 그건 교만에 빠져 있다는 신호이므로 반드시 없애기 바란다.

나이키의 창업자 필 나이트 Phil Knight가 쓴 《슈독》[13]이라는 책에는 창업가의 현실이 고스란히 담겨 있다. 구글에서 그의 이미지를 검색해보면 턱수염을 기른 모습이지만, 그는 60세까지 턱수염을 기를 수 없었다. 당시 미국의 은행은 턱수염을 기른 창업가에게는 돈을 잘 빌려

---

13 필 나이트 저, 안세민 역, 사회평론, 2016.9.29.

주지 않았기 때문이다. 그는 일본에서 중요한 사업파트너가 방문하는데도 창문을 수리할 돈이 없었다고 고백한다. 필 나이트는 책의 곳곳에 돈이 없어서 겪어야 했던 온갖 수모와 고생을 기록해놓았다. 자금마련을 위해 실시한 첫 주식 공모 역시 그에게 개망신을 안겨줬다. 회사 동료들과 어머니 외에는 아무도 주식을 구매하지 않았기 때문이다. 나는 창업 실패 후 이 책을 읽으며 웃음과 눈물로 범벅이 된 밤을 보냈다. 그러면서 내린 결론은 바로 이 한마디였다. '천하의 나이키도 별수없었네.'

우리는 이런 생각을 해야 한다. '나이키도 이랬는데, 과연 나는 무사할까?' 혹시 나만은 이런 현실에서 예외가 될 거라는 착각에 빠져 있지는 않은지 창업하기 전에 다시 한번 돌아보고 마음을 다잡자.

창업의 현실이 어렵다고 해서 실망할 필요는 없다. 《하버드 비즈니스 리뷰 Harvard Business Review, HBR》에 발표된 연구 결과에 따르면, 가장 성공한 스타트업 창업가의 평균 연령은 40대 중반이다. 창업 후 5년간 가장 높은 성장률을 보인 상위 0.1% 기업들의 창업가 평균 연령은 만 45세였으며, 기업공개 IPO 또는 인수합병 M&A을 통해 굴지의 사업가로 성장한 창업가들의 평균 연령 역시 40대 중반으로 나타났다.[14]

이러한 결과는 일반 업종뿐만 아니라 하이테크가 중심이 되는 스타트업 분야에서도 마찬가지였다. 연구자들은 이 결과가 창업가들이

---

14 Pierre Azoulay et al., 〈Age and High-Growth Entrepreneurship〉, NBER, 2018

40대에 이르러서야 통찰력이 무르익었거나 오랜 시간 쌓아온 자기만의 전문성이 40대에 꽃을 피운 덕분이라고 한다. 이처럼 창업을 성공으로 이끄는 핵심 요소가 젊은 혈기가 아닌 '경험과 연륜'이라는 사실은 40대 창업가에게 적지 않은 희망을 준다.

지금까지 설명한 것처럼 40대의 내면에는 '나만은 예외가 될 것'이라는 교만하고 안일한 마음과 40년 이상의 삶을 통해 축적된 '경험과 연륜'이 공존하고 있다. 이 중에서 어느 걸 선택하는지는 오롯이 자신에게 달려 있다. 이왕이면 경험과 연륜을 바탕으로 보다 신중하게 리스크를 관리해나가는 것이 창업가를 꿈꾸는 사람에게 가장 필요한 일이 아닐까 싶다.

품격 있는 창업가를 위한 팁1
창업의 4단계

나는 희망퇴직 이후 우여곡절의 과정을 겪으면서, 창업 후 일정한 단계를 거쳐야만 한다는 사실을 깨달았다. 또한 창업가에서 직장인으로 돌아와 현재의 회사에서 다양한 고객사들을 위한 마케팅 프로젝트를 진행하면서 비로소 창업의 4단계 과정을 정리할 수 있었다. 개인적인 경험을 바탕으로 작성한 것이고 업종마다 조금씩 다를 수 있어 일반화하기에는 조심스럽지만, 다양한 강연을 통해 상당한 공감을 얻었기에 공개해보기로 한다.

다음 페이지에 있는 그림에서 보듯 처음 맞이하게 되는 1단계는 '지인 영업'의 단계다. 처음 사업을 시작하면 주변 사람들에게 의지할 수밖에 없다. 기억하자. 실적도 없는 사람을 믿고 거래해줄 사람은 3F밖에 없다는 사실을. 3F란, Family(가족), Friends(친구), Fool(바보)다. 결국 지인 말고는 기댈 데가 없다. 대기업 임원으로 아무리 잘나갔다 한들 고객에겐 그저 수많은 업자 중 하나일 뿐이다.

여기서 조금 더 경험을 쌓으면 업계 내 주요 기업을 상대로 하는 '하청

● 창업의 4단계

4단계
자기만의
브랜드가 확립된 단계

3단계
자체 플랫폼 또는
독자 브랜드의 출범

2단계
업계 내 주요 업체의 하청에 의지하는 단계

1단계
주변 지인을 대상으로 한 영업에 의지하는 초기 단계

기업'의 2단계로 성장한다. 1단계보다는 안정적이지만, 갑을 관계의 위험성을 피할 수 없다. 이 단계에서는 업계 내의 입찰 현황을 눈여겨보게 되고 자연스럽게 조달청의 '나라장터'에도 관심을 가지게 된다. 지인 영업의 단계는 벗어났다고 해도 대부분의 시간을 영업에 써야 하는 건 변함이 없다. 거기다 사업제안서 또는 입찰제안서를 작성하는 데에도 많은 시간을 써야만 한다.

사실 대부분의 초기 업체들은 2단계를 넘지 못하고 사라진다. 아주 소수의 회사만 '독자 브랜드'로 발돋움하는 3단계에 오른다. 이때부터는 영업 외에 마케팅에 대해서도 관심을 가져야 한다. 전보다 더 많은 이들에게 자신을 알려야 하기 때문이다. 한편 이때부터 조금씩 직원의 수도 늘어나기 시작한다. 인건비, 홍보비 등의 각종 비용과의 전쟁이 시작되는 동시에 돈이 말라가는 죽음의 계곡까지 건너야 한다. 산 넘어 산이다.

마지막 4단계는 '자기만의 브랜드가 확립된 상태'이다. 한마디로 업계 내에서 명품의 반열에 오른 단계라 할 수 있다. 이 단계에서는 별다른 영업이나 마케팅을 하지 않아도 고객들이 알아서 찾아온다. 여기까지 도달하는 과정은 매우 어렵지만, 한번 도달하고 나면 비교적 수월하게 사업을 진행할 수 있다. 그럼에도 코로나19와 같은 대형 악재가 언제 어떻게 덮쳐 올지 아무도 모른다. 솔직히 이런 일들은 사람의 영역이 아닌 것처럼 느껴지기도 한다. 그만큼 비즈니스 환경은 예측하기 어려울 뿐 아니라 대응하기도 힘들다.

사실상 50세가 되기 전엔 회사를 나와야 하는 현실에서 창업이 마지막 희망이라고 할 수 있는데, 이마저도 4단계 과정을 거쳐야 한다면 너무 가혹한 게 아닌지 절망할 수 있다. 다시 한번 강조하지만, 창업은 그야말로 가혹한 현실이다. 앞선 4단계가 절대적인 건 아니나 처음부터 순탄하게 흘러가는 창업이란 존재하지 않는 건 분명한 사실이다. 한 단계씩 성장하기 위해서는 상당한 시간과 '노오력'을 기울여야 한다.

그래도 조금 더 쉬운 길은 없을까? 회사를 나오기 전에 이미 어느 정도의 브랜딩이 되어 있다면 상황은 달라진다. 업계에서 훌륭한 평판을 쌓아서 팬이라고 부를 만큼의 열렬한 고객을 두고 있거나, 카카오 브런치나 네이버 블로그, SNS 또는 유튜브 등의 콘텐츠 플랫폼에 자신의 전문 분야에 대한 콘텐츠를 제작해 올리고 책을 출간하는 등의 활동을 해 상당한 인지도를 쌓으면 남들보다 유리한 고지에 설 수 있다. 뿐만 아니라 크몽이나 숨고와 같은 프리랜서 중개 플랫폼을 활용하는 경우에도 충분한 경험을 쌓으며 시장의 반응을 살펴볼 수 있다.

솔직히, 콘텐츠 플랫폼에 자신의 콘텐츠를 올리거나 프리랜서 중개 플랫폼을 활용하는 것 자체로는 큰 수익을 기대하기 힘들다. 하지만 이런 활동을 꾸준히 함으로써 현실적인 시장 감각을 익힐 수 있다. 최소한 1년 이상 꾸준히 이런 활동을 하면 내가 생각한 일들이 얼마나 가능성이 있는지 파악하는 동시에 인지도까지 쌓을 수 있다.

이 과정을 거치고 난 다음 창업을 한다면 앞서 설명한 4단계 중에서 최소한 1~2단계는 건너뛰고 시작할 수 있어 남들보다 2~3년은 더 앞서 갈 수 있다. 이후에 이어지는 내용들은 사실상 이를 위한 과정이라 해도 과언이 아니다.

품격 있는 창업자를 위한 팁2
사업 아이템 선정

찜닭, 대만 카스테라, 슬라임 카페, 마라탕…. 한 시대를 풍미했거나, 풍미하고 있는 대표적인 창업 아이템이다. 누군가 괜찮은 아이템으로 성공하면 비슷한 가게들이 우후죽순 생겨난다. 그러다 결국엔 대부분 폐업을 하거나 또 다른 신규 아이템으로 우루루 갈아타는 것이 우리나라 창업 시장의 패턴이다. 그걸 알면서도 불나방처럼 뛰어드는 것 역시 안타까운 우리의 현실이다.

왜 그런 일들이 반복되는 걸까? 창업 컨설턴트 또는 프랜차이즈 사업자들이 제시하는 말에 현혹되었기 때문에? 더 근본적인 원인을 들자면 두 가지를 들 수 있다.

첫 번째는 창업에 대한 준비 부족이다. 사실 대부분의 창업가들이 쫓기듯 회사에서 나와 어쩔 수 없이 창업하는 경우가 대부분이다 보니 창업 훈련을 제대로 받을 겨를이 없었다. 따박따박 월급을 받던 직장인의 습성을 버리지 못한 채 남이 다 알아서 해주기만을 바라며 창업을 해버린다. 발품을 팔아가며 직접 아이템을 발굴하며 과연 이 아이템이 얼마나 지속 가능성이 있는지, 자신에게 이 아이템을 소화해낼 역량이 있는지 고민하는 대신 프랜차이즈 회사의 말만 믿고 계약을 체결하게 되는 것이다.

두 번째 원인은 자신이 무엇을 잘할 수 있는지에 대해 진지하게 고민하지 않는다는 점이다. 예를 들어 20년 이상 제조업 분야에서 관리자로 일하다가 아내와 함께 식당을 창업하는 경우라면 식당과 같은 서비스업을 하기 위해서는 높은 수준의 고객 지향적 태도가 요구되는데, 오랜 시간 관리자로 일했던 사람이 하루아침에 그런 태도를 가지기란 사실상 불가능에 가깝다. 당연히 잘하지도 못하는 대면 서비스 태도에 손님들 불만만 쌓일 수밖에 없다.

창업을 하기 위해서는 자신의 경험과 역량, 흥미와 같은 내적인 요소들을 바탕으로 '과연 내가 이 일에 적합한가?'를 깊이 고민해야 한다. 이는 스스로를 어떻게 인식하고 있는가에 대한 아이덴티티(Identity), 즉 정체성에 대한 문제라고 할 수 있다. 쉽게 말하면 스스로 '나는 제조업 전문가야' 또는 '나는 고객 서비스에 적합한 사람이야'와 같이 인식하는 걸 말한다. 스스로에 대한 이해와 성찰을 제대로 하지 않고 사업에 뛰어들면 유행하는 아이템만 좇아 이리저리 휘둘리다가 사업을 접을 가능성이 크다.

소위 말하는 '아이템빨'이 먹히던 시절이 있었지만, 지금과 같은 모바일 시대에는 트렌드가 워낙 빠르게 변해 아이템만으로 버티기에는 한계가 있다. 반면 자기 내부의 목소리에 귀를 기울여 전문 분야를 파고드는 사람, 즉 '덕후'라고 불릴 만한 사람들의 성공 가능성은 높아지고 있다. 자신의 아이덴티티를 정확히 파악하고 그에 맞는 아이템을 찾아 성공한 것이다.

그렇다고 자기 사업을 하기 위해선 무조건 덕후가 되어야 한다는 말은 아니다. 적어도 자신이 무엇을 잘할 수 있는지, 어떤 분야에 전문성이 있는지, 어떤 일에 강한 흥미를 느끼는지 명확하게 '인식'할 필요가 있다는 말이다. 지금까지 말한 창업의 어려움을 감수하고서라도 이 일을 계속할 만큼 자신이 그 일을 사랑하고 즐기는지 몇 번이고 물어봐야 한다.

지금의 40대에게는 프라모델에 대한 추억이 하나씩 있을 거라 생각한다. 전함과 탱크 등을 실물과 거의 동일하게 축소해놓은 플라스틱 부품들을 조립하는 프라모델은 1980년대의 청소년들에게 선풍적인 인기를 끌었다. 프라모델 열풍의 중심에는 '아카데미과학'이 있었다. 비록 일본 제품을 카피해서 파는 회사였지만, 그 당시에 난립했던 수많은 업체 중에서 지금까지 살아남아 세계적 기업으로 성장한 건 오직 아카데미과학뿐이다.[15]

아카데미과학의 시작은 1969년 창업주 김순환 회장의 돈암동 집 마당이었다. 당시 초등학교 과학 교사였던 그의 취미는 무선조종 비행기를 만드는 것과 미군부대에서 흘러나온 프라모델을 조립하는 것이었다. 그는 청계천 고물상에서 어렵게 구한 부품들을 조립해 남의 점포에 진열해서 팔고 그 돈으로 새로운 제품을 구입해서 만드는 생활을 반복했다. 프라모델의 개념조차 없던 1960년대였기에 사람들은 그를 쓰레기 같은 걸 만드는 이상한 사람이라 여겼다.

---

15 조선일보, 〈[Why 한현우의 커튼콜] 삼선교 과학 선생님, 한국 프라모델의 전설로… 아카데미과학 김순환 회장〉, 2012.9.22.

그러다 결국 안정적인 교사 자리까지 박차고 나와 창업을 한다고 했을 때 아내를 비롯한 주변인들의 강한 반대에 부딪혔다. 그런 반대 속에서도 나름의 확신이 있었기에 과감히 창업에 도전할 수 있었지만, 자리를 잡기까지 무려 10년이나 걸렸다. 집 마당에 천막을 쳐두고 매일 밤을 지새며 과학 교재를 만드는 일부터 시작한 김 회장은 일본 제품의 카피 제품을 만드는 일을 거쳐 이제는 세계적 수준의 업체로 도약했다. 아카데미과학이 당시의 조악한 현실을 개척하며 무수한 역경을 극복할 수 있었던 원동력은 프라모델에 대한 창업주의 확신과 열정, 그리고 애정이 아니었을까?

이런 일은 고도 성장기였던 수십 년 전이었기에 가능했던 일이라고 생각할지 모른다. 하지만 50년이 훌쩍 지난 지금에도 사정은 크게 다르지 않다. 대구에서 맞춤 양복점을 운영하는 박치헌 대표는 예순이 훌쩍 넘은 나이에도 불구하고 매일 멋지게 코디해서 옷을 입은 다음 그 모습을 블로그에 포스팅한다. 그의 멋진 모습이 담긴 블로그에는 150만 명이 넘는 사람들이 다녀갔다.

오랜 시간 평범한 직장인으로 살았던 그였지만, 한 가지 유별난 건 옷에 대한 애정과 관심이었다. 한마디로 그는 '옷 덕후'였다. 신문 기사에 따르면 박 대표는 재단사에게 옷을 잘 만들어달라는 간곡한 편지를 보내기도 하고, 아마존은 물론 인터넷조차 없던 시절에 국내에서 구하기 힘든 패션 서적을 외국에서 어렵게 구해 혼자 패션을 공부했다고 한다.[16]

---

16 조선일보 JobsN, 〈이연주, 62세 SNS스타, 슈트 이미지 컨설턴트 박치헌 씨〉, 2017.1.23.

덕질에 가까운 그의 옷 사랑은 결국 그를 창업의 길로 이끌었다. 남들은 회사에서 쫓겨나거나 은퇴를 생각할 50대 중반의 나이에 그는 서울에 있는 유명 양복점들을 찾아가 양복 만드는 법을 배우기로 했다. 그 나이에 재단을 배우기에는 너무 늦었다고 판단해서 옷을 재단하기 전에 사람의 몸에 맞게 바느질하는 가봉을 집중적으로 배웠다. 고생 끝에 대구에서 창업을 했지만, 처음에는 고전을 면치 못했다. 그러나 꾸준한 블로그 활동을 통해 사람들, 특히 청년들과 소통하기 시작했고 서서히 주목받기 시작했다. 이제 그는 고객에게 딱 맞는 컬러와 스타일의 정장을 제안하고 제작해주는 '수트 이미지 컨설턴트'로 이름을 알리고 있다. 그의 양복점에서 정장 한 벌을 맞추기 위해서는 최소 한 달 이상을 기다려야 할 정도다.

김순환 회장과 박치헌 대표는 세월을 뛰어넘어 성공한 창업가가 되기 위해 우리에게 무엇이 필요한지 말해준다. 두 사람이 차이가 있는 건 박치헌 대표가 블로그를 사용했다는 것 정도이다. 이처럼 한 가지 일에 대한 집념과 열정, 이런 것들은 너무나 뻔한 요소이지만 창업이 주는 극한의 어려움을 헤쳐나갈 수 있게 해주는 힘이 된다.

그러므로 외부의 '아이템'을 찾기 전에 먼저 자기 안에 있는 '아이덴티티'를 발견하자. 거창한 표현 같지만 자기 안에 꿈틀거리고 있는, 그 일을 하지 않으면 도저히 못 견딜 것 같은, 그런 일을 발견하는 것이 아이덴티티를 발견하는 일이다. 아이템은 자신의 아이덴티티를 실현해주는 도구라는 걸 유념하자.

3

"나는 새로운 세상에 얼마나 잘 적응할 수 있을까?"

자기 점검을 통해
찾는
나만의 품격 자원

짧다면 짧고 길다면 긴 40여 년의 인생을
리뷰하며 내 안의 품격을 정비하자.

40대,
점검이 필요한 시간

인생의 중반을 지나는 40대에게 현재까지의 인생을 돌아보는 중간 점검은 반드시 필요하다. 희망퇴직 등으로 회사를 나와 뭔가 새로운 일을 시작하기로 했지만 막상 내가 뭘 할 수 있는지 몰라 머뭇거리는 이들이 많다.

뿐만 아니라 앞으로의 인생 계획을 세우고 싶지만 노후를 위한 자금 모으기 외에 뭘 해야 하는지 가늠하지 못하는 이들도 부지기수다. 우리 삶은 매우 길다. 흔들리긴 해도 멈추지는 않을 우리 인생의 장기적 계획 수립을 위해서도 자신의 현재 상황을 냉정하게 점검해야 한다.

3부에서는 자기점검을 통해 나의 품격 자원이 어떤 상태에 있는지 파악할 것이다. 이 점검은 나의 핵심 능력을 찾는 일(자기탐구정신)부터 시작해 시대를 파악하는 방향(객관적 상황 판단)으로 이루어진다. 실질적인 마흔의 품격을 장착하는 부분이므로 그 시작은 나로부터 출발하는 것이 바람직하기 때문이다.

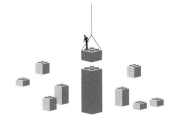

점검 또는 진단이라고 하면 10개 내외의 단답형 문항을 사용하는 것이 일반적인데, 이 책에서는 조금 다른 방식으로 진행하고자 한다. 사람마다 처한 상황이 다르므로 획일적인 단답형 질문으로는 정확한 진단을 내리기 어렵다. 대신 각자가 처한 삶의 맥락 속에서 자신의 상황을 직접 적어보거나 생각해보면서 자연스럽게 점검할 수 있도록 구성했다.

꼼꼼한 점검을 통해 부족한 품격을 찾고 불안한 이 시대를 대비하는 40대가 되길 바란다.

나를 먹여 살릴
핵심 역량 찾기

생존의 힘은 나의 핵심 역량으로부터

내가 인사담당자로 일하면서 가장 많이 들었던 단어는 '역량'이었다. 후에 인재 육성을 위한 HRD 사업을 하거나 기업 교육 강사로 활동하면서 가장 많이 듣거나 했던 말 역시 '역량'이었다. 도대체 역량이 뭐길래 이렇게 자주 언급되는 것일까?

기업이나 조직은 반드시 성과가 있어야 존재할 수 있다. 성과는 구성원들이 가진 힘을 통해 발생하는데, 이때 구성원 개개인이 가진 힘을 역량이라고 한다. 일종의 '능력'이라고 할 수 있다. 다만 능력은 타고나는 선천적인 특성을 말하는 반면, 역량은 선천적인 부분 외에도 후천적으로 습득한 지식이나 기술을 포함하는 입체적 개념이다. 역량의 개념을 한마디로 하면 '성과를 내기 위한 지식, 기술, 태도의 총합'이다. 그리고 이 역량 중 가장 뛰어나고 특출나며 언터처블한 것을 핵심 역량이라고 한다.

그럼 나의 핵심 역량은 어떻게 파악할 수 있을까? 역량은 업무별, 직무별로 워낙 다양하기 때문에 자신이 어떤 역량을 가졌는지 파악하는 건 쉬운 일이 아니다. 그래도 자신의 역량이 무엇인지 쉽게 파악할 수 있도록 돕기 위해 가장 기본적이고 대표적인 역량들만 골라서 아래와 같이 정리해보았다. 역량의 세부적인 내용은 40대가 직장에서 또는 자기 사업을 하면서 요구되는 수준으로 재구성했음을 밝힌다.

소개된 역량 중에서 자신이 가진 역량과 비슷한 것이 있는지 살펴보자. 역량은 절대적으로 정해진 것이 아니고 다양하게 나타날 수 있으므로 소개된 역량 외에 다른 역량이 있는지에 대해서도 곰곰이 생각해보면 좋다.

● 40대에게 요구되는 핵심 역량 예시

역량 구분	역량 세부 내용
기획력	• 새로운 사업 기회를 포착하기 위한 고객 분석 및 사업화 가능성을 판단할 수 있는 역량 • 시장 상황 및 고객의 변화를 기민하게 포착하여 미래를 준비하는 전략을 마련할 수 있는 역량
분석력	• 업무 수행에 필요한 정보를 수집·분석하여 신속하고 정확한 의사결정을 할 수 있는 역량 • 다양한 통계 자료 및 데이터를 종합하여 변화를 예측하거나 합리적인 결론을 이끌어낼 수 있는 역량
문제 해결력	• 문제가 발생했을 때 전문 지식을 활용하거나 아이디어를 제시하여 해결하는 역량 • 문제의 핵심을 빠르게 파악하고 신속하게 대응할 수 있는 역량

설득력	• 상대방의 의견을 경청하면서도 자신의 의견을 명확히 전달하여 공감대를 형성할 수 있는 역량 • 자신의 입장과 견해를 논리적이고 설득력 있게 제시하여 필요한 지지와 지원을 이끌어내는 역량
친화력	• 처음 만나는 사람과도 쉽게 친해질 수 있으며 자연스럽게 인맥을 형성해나가는 역량 • 조직의 구성원들에게 친근감을 느끼게 하여 일을 순조롭게 진행시키는 역량
추진력	• 업무를 수행하는 과정에서 나타난 어려움을 극복하여 목표를 달성해나가는 역량 • 목표 달성을 위해 어떤 어려움이 있더라도 일관성 있게 업무를 진행해나가는 역량
리더십 /조직 관리	• 구성원들의 특성을 이해하고 적정한 업무를 부여할 수 있는 역량 • 조직의 비전과 목표를 팀원들과 공유하고 구성원들의 협조를 이끌어내는 역량 • 구성원들 사이의 갈등, 또는 구성원들과의 갈등이 발생했을 때 이를 조정하거나 중재할 수 있는 역량
프로젝트 관리	• 프로젝트의 제반 상황을 이해하고 목표를 명확히 인식하며 필요한 제원과 인력을 산출할 수 있는 역량 • 원활한 진행을 위해 다양한 이해관계자들과 소통하고 협력하여 기한 내 목표를 달성하는 역량
홍보/마케팅	• 시장 동향과 고객의 니즈를 파악하여 신상품을 기획할 수 있는 역량 • 기존 제품의 타깃을 점검하여 새로운 전략을 수립하고 집행할 수 있는 역량 • 다양한 미디어의 특성을 이해하고 상품별 적합한 광고를 기획하고 집행할 수 있는 역량
영업/판매 /고객 관리	• 기존 고객과 지속적인 관계를 유지하여 재구매를 유도하는 역량 • 적극적으로 신규 고객을 발굴하고 적절한 상품을 소개하여 구매를 유도하는 역량 • 고객에게 적합한 제품을 추천하거나 원하는 제품을 구매할 수 있도록 유도하는 역량
수리 감각 /재무 관리	• 비용, 원가, 매출, 영업이익 등 회계·재무와 관련된 데이터를 해석하여 의사결정을 할 수 있는 역량 • 수익성 및 경제적 가치, 소요 비용 등을 정확하게 산출하여 비용을 절감하거나 수익을 발생시키는 역량
제조/가공	• 금속, 목재 등 다양한 재료를 활용하여 고객이 원하는 제품을 직접 제작할 수 있는 역량 • 다양한 제품을 설계 또는 가공하거나 제작자에게 의뢰하여 상품을 제작할 수 있는 역량

디자인/예술	• 의상 또는 제품 등의 디자인, 웹이나 애플리케이션 등의 UI·UX를 설계하고 디자인할 수 있는 역량 • 일상생활 속 다양한 분야 또는 자신의 전문 영역에서 남들보다 감각적으로 표현할 수 있는 역량
IT 관련 기획/개발	• 파이썬, JAVA, C언어 등 IT 개발을 위한 각종 프로그래밍 언어를 활용할 수 있는 역량 • 고객이 원하는 서비스를 기획하고 개발자와 소통하며 앱 등을 개발할 수 있는 역량

예시 역량 중에서 자신에게 해당되는 역량이 있는가?

중요한 건, 자신에게 어떤 역량이 있는지 추상적으로만 이해하고 넘어가면 아무런 도움이 되지 않는다는 점이다. 보다 세밀하게 분석해 봐야 자신의 역량을 제대로 활용할 수 있다.

역량을 구체적으로 분석하기 위해서는 해당 역량을 구성하는 '지식', '기술', '태도'를 생각하면 된다. 지식, 기술, 태도는 어떻게 구별되는 것일까? 요리사를 예로 든다면, 여러 음식의 레시피를 알고 있는 건 지식에 속한다. 그리고 그 레시피대로 요리하는 것처럼 몸으로 수행할 수 있는 능력은 기술이다. 요리할 때 정성을 다해 담아내는 건 태도에 해당한다. 일반적으로 태도는 꼼꼼함, 승부욕, 정의감, 창의성, 겸손함 등 성격적 또는 정신적 특성, 즉 멘탈의 영역을 말한다.[17]

그럼 이제부터 소개한 역량 중에서 자신에게 해당되는 역량을 몇 가지 선택한 다음, 해당 역량에서 요구되는 지식, 기술, 태도를 작성해

17　최영훈 저, 《인사 교육담당자가 꼭 알아야 하는 체계적 직무분석 방법론》, 플랜비디자인, 2017.7.27.

보자. 쉽게 따라 해볼 수 있도록 '프로젝트 관리 역량'을 골라 예시를 드린다.

이러한 분석 방법은 회사에서처럼 정확한 인사 평가를 하기 위한 게 아니라 자신의 강점을 파악하기 위한 것이므로 자신이 보유한 지식, 기술, 태도 등을 자유롭게 기재하면 된다.

● 내가 보유한 역량을 구체적으로 분석하기 위한 예시

역량 구분	프로젝트 관리
역량 세부 내용	• 프로젝트의 제반 상황을 이해하고 목표를 명확히 인식하며 필요한 제원과 인력을 산출할 수 있는 역량 • 원활한 진행을 위해 다양한 이해관계자들과 소통하고 협력하여 기한 내 목표를 달성하는 역량
보유한 지식	• 프로젝트 실행에 적용되는 법규, 관련 기관 담당자, 프로젝트 실행에 필요한 기술에 대한 이해 • 컨설팅 기업에서 15년간 200여 건의 프로젝트를 진행한 경험
보유한 기술	• 프로젝트 실행에 소요되는 경비를 산출하여 관련 기관에 제안 및 협의를 진행할 수 있음 • 프로젝트를 진행하는 구성원들에게 적절한 지시를 내릴 수 있음 • 이해관계자와 원활하게 협의를 진행하거나 갈등을 해결할 수 있음
보유한 태도	• 프로젝트 진행 중에 어려움이 생겨도 끈질기게 진행하고자 하는 태도 • 고객사가 원하는 니즈를 파악하고 원하는 성과를 달성하고자 하는 목표 의식

예시와 같이 자신이 보유한 역량을 골라 해당 역량을 구성하는 지식, 기술, 태도를 정리하면 본인의 핵심 역량을 더 자세하게 이해할 수 있다. 다시 강조하지만 역량의 내용에 정해진 틀은 없다. 자신이 가진

것들을 자유롭게 기술하면 된다. 적는 과정 중 자신이 생각하지도 못했던 부분이 떠오르기도 할 것이다. 이렇게 자신이 가진 역량들을 세부적으로 정리해놓으면 나를 먹여 살릴 핵심 역량을 파악할 수 있다.

그럼 지금부터 자신이 보유한 역량을 아래 표에다가 구체적으로 분석해보도록 하자.

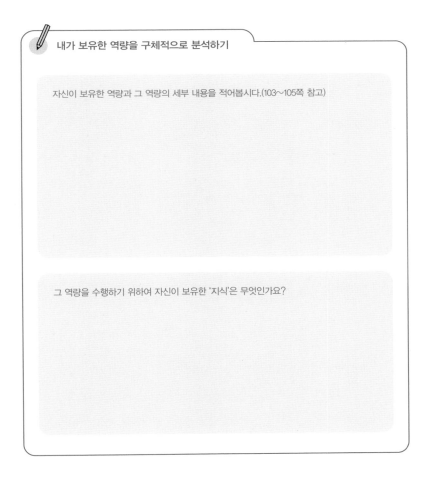

내가 보유한 역량을 구체적으로 분석하기

자신이 보유한 역량과 그 역량의 세부 내용을 적어봅시다.(103~105쪽 참고)

그 역량을 수행하기 위하여 자신이 보유한 '지식'은 무엇인가요?

내가 보유한 역량을 구체적으로 분석하기

그 역량을 수행하기 위하여 자신이 보유한 '기술'은 무엇인가요?

그 역량을 수행하기 위하여 자신이 보유한 '태도'는 무엇인가요?

나의 핵심 역량 자본화하기

충분히 파악하고 인지한 핵심 역량들은 미래를 위한 생존 자원이 된다. 그 덕분에 마흔의 두려움과 불안은 피할 수 있다. 그러나 인지하는 것만으로 수익을 발생시킬 수는 없다. 자본화 수단을 찾아야 핵심 역량은 진정한 의미의 생존 자원이 될 수 있다.

핵심 역량의 자본화를 위한 첫 단계는 '방향'을 정하는 일이다. 자신의 전문성을 활용해 이직하거나 창업할 수 있는 가능성을 판단하는 것이다. 물론 이직이나 창업을 선택하는 것 외에도 자기계발을 통해 더욱 발전시키는 것도 좋다. 앞서 소개한 숨고, 크몽 등의 플랫폼에서 부업을 하면서 투잡 또는 퇴직 후 사업 가능성을 미리 살펴보는 것도 좋은 방법이 될 수 있다.

중요한 건 자신의 역량을 활용하여 지금보다 나은 미래를 만들어 나가는 것이다. 머릿속에서 생각만 하면 전혀 도움이 되지 않고 구체적으로 쓰기 시작할 때 행동으로 이어질 가능성이 크다.

방향을 정하기 위해 도움이 되는 표를 하나 준비했다. 이 표는 세 가지 질문을 담고 있다. 첫 번째는 '지금 현재 자리에서의 핵심 역량 활용법'이다. 예를 들면 인사 업무를 하고 있는데 소프트웨어를 다루는 기술이나 통계 관련 지식을 보유하여 데이터 분석까지 할 수 있는 역량을 갖추고 있다면 이를 현재의 업무에 활용할 수 있을 것이다.

두 번째는 '핵심 역량을 활용하여 이직할 수 있는 가능성'이다. 현재의 역량 수준으로 이직할 수 있는 회사들을 열거해보면 된다. 만약 원하는 회사가 있는데 현재 상황으로는 이직이 어려울 것으로 판단되면 어떤 역량을 어느 수준으로 올려야 하는지 적어본다.

마지막으로는 '핵심 역량을 활용하여 창업하거나 플랫폼을 활용하는 법'이다. 창업을 고려하는 경우에는 어떤 업종에서 어떤 방법을 택할 것인지 생각해봐야 한다. 또한 크몽 등의 플랫폼에는 다양한 카테고리가 있으니 자신에게 해당되는 카테고리를 선택해보도록 하자.

앞서 2부에서도 말했지만, 현재는 직장에 몸담고 있더라도 언젠가는 조직을 떠나 자기만의 길을 가야 할 때가 반드시 온다. 100세 시대의 피할 수 없는 선택이라고 할 수 있다. 그러므로 이직이나 창업, 전직 등에 대한 다양한 가능성을 늘 열어두자.

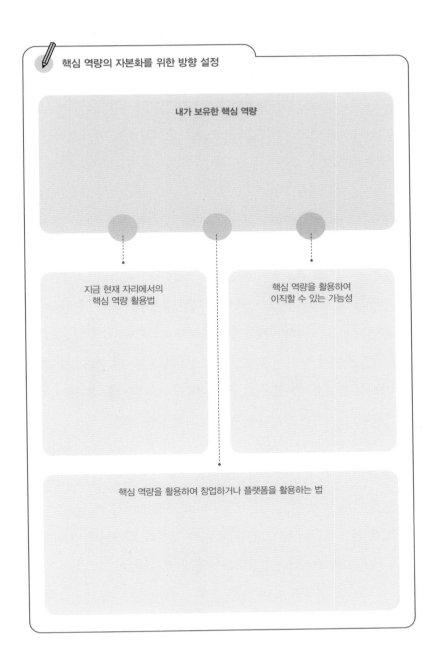

핵심 역량의 자본화를 위한 방향 설정

내가 보유한 핵심 역량

지금 현재 자리에서의
핵심 역량 활용법

핵심 역량을 활용하여
이직할 수 있는 가능성

핵심 역량을 활용하여 창업하거나 플랫폼을 활용하는 법

과거부터 미래까지
내 삶의 흐름 알기

인생은 한 획으로 끊임없이 이어지는 그림이다. 나의 몸과 마음, 환경의 건강도 오르락내리락을 반복한다. 다만 건강이란 것은 질병이 나타났을 때야 비로소 악화된 것을 알아차리기 마련이다. 체력적으로 다소 다운되었을 때나 작은 마음의 상처로 인한 뒤처짐, 내가 해결할 수 없는 거시적 환경의 변화들은 알게 모르게 당신의 건강을 좌지우지해왔다. 그리고 그것들은 인생의 한 지점이 되어 남아 있다.

나의 과거부터 현재 미래를 돌아보는 과정은 즉, 내 삶의 건강함을 확인하고 건강의 척도를 발견하며 앞으로 건강하게 살아가기 위해 무엇을 해야 할지 알아내는 길이다. 이어서 진행할 여러 활동들은 당신의 삶을 전체적으로 훑어보는 기회를 줄 것이다. 나라는 사람이 지나온 자리를 보며 당신만의 건강이라는 품격을 세워보자.

지금까지의 삶에 대하여

인생 파노라마 곡선 그리기

인생 파노라마 곡선은 주요 사건들을 겪을 당시의 감정 상태를 표시함으로써 지나온 시간을 한눈에 되돌아보는 도구다. 이 과정에서 어떤 일들이 힘들었는지, 힘든 일들은 어떻게 극복했는지 등을 알 수 있다.

● 인생 파노라마 곡선 예시

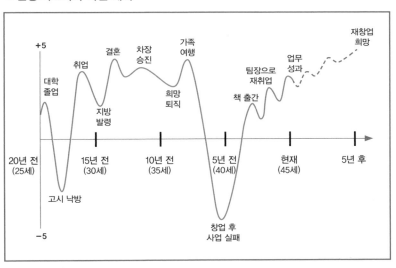

그래프에서 가로축은 나이를, 세로축은 당시의 감정 상태를 나타낸다. 감정은 −5에서 +5까지 표현할 수 있다. 연령대는 현재를 기준으로 5년 단위로 나누어서 표시한다.

앞의 예시는 나의 인생 파노라마 곡선이다. 대학 졸업 후 고시 낙방 이후의 뒤늦은 취업과 결혼, 그리고 희망퇴직을 신청한 이후 창업 등 여러 가지 일들을 경험하던 시기를 거쳐 현재에 이르기까지의 과정을 시간순으로 정리했다. 또한 5년 이후 내가 하고 있을 일과 희망하는 감정 상태까지 기록해보았다. 그래프에서 보듯, 30대 후반에 희망퇴직을 신청한 이후 사업 실패 등을 거치면서 감정적으로 힘들었다. 당시에는 위기와 갈등이 휘몰아치듯 지나간 것 같았는데 인생 파노라마 곡선을 보니 좋은 시절도, 나쁜 시절도 있었던 게 보인다. 그리고 그 각 지점마다 내 몸과 마음, 환경이 어떻게 나빠지고 좋아졌는지도 떠오른다. 이처럼 인생 파노라마 곡선은 지금까지 내가 걸어온 발자취를 한눈에 알 수 있게 해준다.

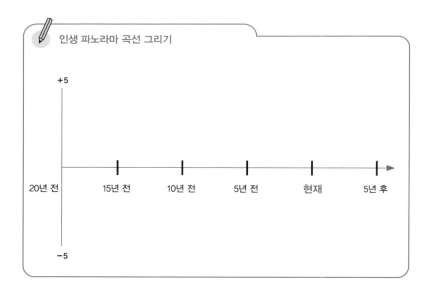

인생 주요 사건들의 영향력 살펴보기

인생 파노라마 곡선을 작성했다면 이제 인생의 결정적인 사건들을 찾아 자신에게 미친 영향력을 파악해볼 차례이다. 이 과정을 통해 나의 현재 모습과 상황을 보다 객관적으로 이해할 수 있다.

내가 작성한 인생 파노라마 곡선을 다시 보자. 두 가지 주요한 사건이 눈에 띄는데, 바로 고시 낙방과 희망퇴직이다. 고시 낙방은 그 자체로도 고통스러웠지만 이후 1년 동안 취업을 준비하는 과정이 더욱 고통스러웠다. 난생처음 겪어보는 고난이었기에 좌절이 심했지만, 다행히 대기업 입사라는 좋은 결과로 마무리되었으며 조금 더 성숙한 어른으로 성장할 수 있는 계기가 되었다.

두 번째 주요 사건인 희망퇴직의 경우, 신청할 당시에는 걱정과 설렘을 동시에 느꼈다. 아무래도 30대라는 창창한 시기였기에 설렘이 더 컸던 것 같다. 퇴사 후에는 두 달이 넘도록 가족과 함께 여행을 다니면서 좋은 추억을 쌓을 수 있어서 정말 행복했다. 하지만 이어 시작한 사업이 실패로 끝나면서 불안정한 수입, 늘어가는 빚으로 인해 인생에서 가장 어두운 시간을 보내야만 했다. 다행히 책을 출간하고 다양한 마케팅 활동을 하며 위기를 극복할 수 있었고, 그 덕분에 현재의 회사에 마케팅 팀장으로 입사하게 되었다. 뿐만 아니라 희망퇴직이라는 선행 학습을 한 덕분에 나와 같은 처지에 있는 40대를 위한 책까지 출간할 수 있었다.

이처럼 삶에 영향을 미친 과거의 주요 사건들이 현재의 삶에 어떤

인생 주요 사건들의 영향력 파악하기

| 연령대
(나이) | 과거의 주요 사건 | | 현재에 미친 영향 | |
	당시의 배경 또는 상황, 느낀 감정	느껴진 강도 (−5에서 +5 사이)	당시 상황을 극복한 방법	그 과정에서 배운 점

영향을 끼치고 있는지 분석하면 많은 것들을 깨달을 수 있다. 특히 힘든 사건을 극복한 경험은 자신이 가진 강점이나 핵심 역량을 파악하는 데 큰 도움이 된다.

제시한 표를 이용해 지금까지 당신 인생에 있었던 주요 사건과 그 사건이 현재의 삶에 끼친 영향을 정리해보자.

현재의 삶에 대하여

나의 재정 건강 살펴보기

갑자기 실직하거나 회사를 떠나 창업하기로 결심한 경우처럼, 인생의 중요한 전환점에 섰을 때 반드시 점검해야 할 사항이 있다. 바로 자신의 재정 건강이다. 내가 30대 후반에 회사를 떠나 평소에 하고 싶었던 여러 가지 일들을 할 수 있었던 것도 희망퇴직을 하면서 받은 2년치 연봉 덕분이었다.

재정 건강에 대한 점검을 거쳐야만 얼마나 빨리 결정을 내리고 실행해야 하는지 정확하게 알 수 있다. 재정에 여유가 있다면 휴식기를 가진 다음 움직여도 되지만, 그렇지 못한 경우에는 신속하게 결정을 내리고 움직여야 한다.

재정 건강을 파악하는 방법은 여러 가지가 있겠지만 가급적 한눈에 파악할 수 있는 도구가 좋다. 이 책에서는 일반적인 재무제표의 방법이 아닌 쉽고 단순하게, 한눈에 자신의 재무 상태를 파악하기 위한 방법을 소개한다.

사람은 손으로 직접 뭔가를 쓰기 시작할 때 구체적으로 인식할 수 있다. 그러므로 지금 바로 종이를 꺼내 매월 들어오는 수입과 나가는 지출을 나누어서 적어보자. 다음 표를 참고 삼으면 좋다. 표의 두 번째 칸에는 이자 상환, 월세, 생활비 등으로 매달 지출되는 금액을 적는다.

● **재정 건강 점검표 예시**(40대 맞벌이 부부, 4인 가족)

	지출		수입	
5월	대출금 상환	1,000,000	내 월급	4,500,000
	첫째 학원비	500,000	아내 월급	3,500,000
	둘째 학원비	300,000	주식 수익	800,000
	외식비(평균)	1,200,000		
	식비(장보기 등)	800,000		
	교통비, 통신비 등	500,000		
	관리비 등 각종 공과금	400,000		
	저축	500,000		
	양가 부모님 용돈	600,000		
	카드값(용돈 포함)	2,000,000		
	5월 지출 소계	**7,800,000**	**5월 수입 소계**	**8,800,000**
6월 (퇴직 시)	대출금 상환	1,000,000	5월 이월금	1,000,000
	첫째 학원비	500,000	**내 퇴직금**	**45,000,000**
	둘째 학원비	300,000	아내 월급	3,500,000
	외식비(평균)	800,000		
	식비(장보기 등)	800,000		
	교통비, 통신비 등	500,000		
	관리비 등 각종 공과금	400,000		
	저축	500,000		
	양가 부모님 용돈	600,000		
	카드값	1,000,000		
	6월 지출 소계	**6,400,000**	**6월 수입 소계**	**49,500,000**

그 우측에는 당장 현금화할 수 있거나 매월 들어오는 월급 등의 수입을 적는다. 맞벌이를 하는 경우 배우자의 수입도 기재해야 한다. 만약 희망퇴직을 하는 경우 위로금과 퇴직금도 더한다. 지출은 마이너스(-)로, 수입은 플러스(+)로 계산해보면 현재 재정 상황이 파악된다.

예시로 든 것은 중학생, 초등학생 아이 두 명이 있는 맞벌이 40대 부부의 평균적인 지출과 수입을 정리한 것이다. 5월까지 회사를 다니고 6월에 퇴직한다고 가정했을 때의 상황을 정리해보았다.

5월에는 780만 원 내외의 지출을 기록한 것을 알 수 있다. 매월 대출금 상환과 아이들 교육비의 비중이 가장 큰 점, 맞벌이 부부의 특성상 외식이 잦아 외식비의 비중이 큰 점은 현실을 반영했다. 요즘에는 현금을 거의 사용할 일이 없으므로 부부 각자의 용돈 및 공통 비용 지출은 모두 카드비에 포함했다. 약간의 주식 소득을 제외하면 부부의 소득을 모조리 지출하는 구조로, 여유 자금은 꿈도 꿀 수 없어 보인다. 6월부터는 퇴직한 상태임을 감안해 외식비, 카드값 등을 절약해 100만 원 이상 지출을 줄인다고 가정했을 때도 약 640만 원가량의 고정적인 지출이 발생하는 걸 수 있다.

한편 수입을 살펴보면 5월까지는 두 사람의 월급을 합한 금액인 800만 원에 주식 수익금이 발생해 약 880만 원의 수입이 발생한 것으로 기록했다. 6월에는 퇴직하여 10년치 퇴직금을 받는다고 계산했을 때의 총 수입인 4,950만 원의 수입이 발생할 것으로 예상했다.

이렇게 지출과 수입을 정리해보면 퇴직 후 몇 달 정도 버틸 수 있는지 대충 계산이 나온다. 이 사례에서는 대략 7개월 정도의 여유가 있다고 할 수 있지만, 이는 지출을 100만 원가량 줄일 수 있다는 걸 가정했을 때이므로 실제로는 6개월 정도의 여유가 있다고 볼 수 있다. 그러나 퇴직금을 활용하여 창업 등에 활용하는 경우 상황은 더욱 나빠질 수 있다. 참고로, 회사를 퇴직하고 난 후 무직 상태에서는 마이너스 통장을 개설하거나 갱신하는 것조차 쉽지 않다. 그러므로 부부가 둘 다 퇴직하기보다는 한 명은 직장인으로 남아 있는 것이 자금 조달 측면에서 유리하다.

간단한 메모만으로도 자신의 현재 재정 건강을 충분히 예측할 수 있으므로 반드시 실행해보자. 꼭 책에서 제시한 방법대로 할 필요는 없고 각자 편한 방법으로 해보면 된다. 중요한 건 머릿속으로만 계산하는 것보다 실제로 기록하고 메모하면서 파악하는 것이 훨씬 도움이 된다는 사실이다.

나의 고용 건강 살펴보기

재정 건강 상태를 파악하는 건 퇴직 등 중요한 변수가 발생할 수 있을 때 꼭 필요한 일이다. 하지만 퇴직이나 전직, 또는 창업을 할 생각이 전혀 없는 경우에는 다른 방법으로 안정성을 점검해야 한다. 직장인이라면 '고용' 건강을, 프리랜서 또는 전문직이라면 '직업' 건강을 점검해볼 필요가 있다. 고용 또는 직업 건강이란, 자신이 희망하는 기간 동안 일자리에 머물 수 있는지 말해주는 지표다. 이때 건강은 '안정성'이란 의미와 같다.

코로나19는 1997년의 IMF 외환위기와 비견될 정도로 노동 시장에 큰 상처를 입혔다. IMF 때는 제조업이나 건설업이 큰 타격을 받았다면, 코로나19에서는 고객을 직접 대면하여 서비스를 제공하는 도소매업, 음식·숙박업, 교육 서비스업 등이 큰 타격을 받았다.[18]

코로나19로 해외여행이 사실상 불가능해지면서 여행업계 1, 2위를 기록하던 하나투어와 모두투어가 희망퇴직을 실시했다. K-뷰티를 선도하던 아모레퍼시픽마저 창사 75년 만에 희망퇴직을 실시하기에 이르렀다. 해외여행이 막히면서 면세점 매출이 급감했을 뿐만 아니라 대면 판매도 어려워져 방문 판매와 백화점 판매까지 부진에 빠졌기 때문이다. 금융권의 경우 코로나19 이후 오히려 수익성이 개선되었음에도 불구하고 희망퇴직을 실시했다. 점점 확대되고 있는 디지털화와 비대면 영업으로 인해 점포 통폐합이 불가피해졌기 때문이다. 증권업계와 카드사, 제2금융권도 희망퇴직을 피할 수 없었다. 구인구직 플랫폼 사람인이 430여 개 기업을 대상으로 구조조정 실시 여부를 조사한 결과, 전체의 1/4이 넘는 27%가 코로나19로 인해 구조조정을 실시했거나 앞으로 실시할 계획이라고 밝히기도 했다.[19]

이처럼 직장인, 특히 40대 이상의 직장인들이 희망퇴직이라는 광풍에 휘청거리는 사이 자영업자들 역시 큰 고통을 감내해야 했다. 전

18 오상봉, 〈코로나19 이후 노동시장의 변화〉, 《한국의 사회동향 2020》, 통계청 통계개발원, 2020
19 사람인 홈페이지(www.saramin.co.kr) 내 취업뉴스 참조, 2020.12.3.

체 자영업자 중에서 코로나19로 직격탄을 맞은 도소매, 음식·숙박, 교육 등의 대면 서비스업 종사자의 비율이 48%(2020년 기준)에 달한다는[20] 사실만 봐도 자영업의 피해가 어느 정도인지 짐작할 수 있다. 특히 40대, 50대 자영업자의 경우 코로나19 이후 유입은 줄고 유출이 확대되면서 다른 연령대에 비해 가장 큰 충격을 받은 것으로 평가되고 있다. 자영업자들에겐 폐업마저도 사치일 정도로 상황이 심각하다. 대구에서 떡볶이집을 개업한 가까운 지인은 코로나19 이후 계속되는 불황으로 공황장애를 호소할 정도로 심각한 스트레스를 받고 있다.

코로나19가 우리에게 남긴 가장 큰 교훈은 큰 위기는 예고 없이 닥친다는 사실이다. 위기가 닥쳤을 때 대비하면 이미 늦은 경우가 많다. 그러므로 자신의 일에 대한 안정성이나 위험성을 사전에 점검하여 지속 가능성을 극대화해야 한다.

앞으로의 삶에 대하여

외국계 제약 회사에서 15년간 영업을 담당해온 C부장. 일찌감치 능력을 인정받아 40대 초반에 부장이 되었을 뿐만 아니라 억대 연봉의 꿈까지 이룰 수 있었다. 하지만 일을 계속할수록 회의감을 느꼈다. 그의 고객이라 할 수 있는 병원이나 의사들은 상대하기가 매우 까다로

---

20 〈코로나19 이후 자영업 특성별 고용현황 및 평가〉, 《BOK(한국은행) 이슈노트 2021-11호》, 2021.6.8.

위 스트레스를 많이 받을 수밖에 없었기 때문이다. 그래도 30대에는 체력이나 정신력이 받쳐준 덕분에 그럭저럭 스트레스를 극복할 수 있었지만 40대가 되고부터는 한계를 느끼기 시작했다. 무엇보다 보잘것 없는 작은 이익들 때문에 일희일비하는 자신의 삶이 너무 초라해 보여 견디기 어려웠다.

C부장은 헛헛한 마음을 달래기 위해 책을 읽고 강연을 듣다가 우연히 '코칭'이라는 걸 알게 되었다. 그는 코칭을 통해 다양한 사람들과 함께 삶의 가치관이나 살아가는 방법에 대해 질문을 주고받기 시작했다. 그리고 그 과정에서 새로운 인생을 위한 돌파구를 찾기로 결심했다. 하지만 억대 연봉과 안정적인 생활을 함부로 버릴 수는 없었다. 당장이라도 일을 그만두고 싶었지만 그런 마음을 억누르며 4년 동안 차분하게 고민하고 준비했다.

우선 월급이 없어도 어느 정도의 생활이 가능하도록 경제 시스템을 구축하기로 했다. 하고 싶은 일을 하더라도 당장은 수익을 내기 어려워 보였기 때문이다. C부장은 꾸준히 주식 투자를 공부하고 투자해 온 결과 웬만한 직장인의 연봉에 달하는 수익을 얻을 수 있었다.

그리고 C부장은 가장 중요한 요소인 어떤 일을 어떻게 해나갈 것인지에 대해서도 깊이 고민했다. 코칭을 통해 새로운 세상을 만났기에 다른 사람에게도 코칭을 알리고 싶었다. 하지만 당장은 코칭을 활용한 사업을 해나갈 자신이 없었다. 그래서 그는 기업 교육을 전문으로 하는 컨설팅 회사에 취업하기로 결심했다. 그가 다니던 제약 회사에 비해 컨설팅 회사의 연봉은 절반 수준에 불과했지만 오랜 시간 투자로 수익을 축적해온 덕분에 큰 어려움 없이 생활할 수 있었다.

아직 C부장은 자신이 원하던 코칭 관련 사업을 시작하진 못했다. 그러나 기업 교육 컨설팅 회사를 다니며 열심히 사업화를 구상 중이다. 그는 언젠간 15년의 영업 경험과 컨설팅 회사에서의 경험이 합쳐져 시너지 효과를 낼 수 있을 거라 확신하며 매일 최선을 다하고 있다. 여전히 미래는 불투명하지만, 한 가지 확실한 건 이전보다 만족스러운 삶을 살고 있다는 사실이다.

C부장의 사례는 지금 하고 있는 일과 앞으로 하고 싶은 일이 다를 때 어떤 선택을 해야 하며 어떤 준비를 해야 하는지 보여주는 모범답안이다. 물론 모든 사람이 C부장처럼 할 수는 없다. 중요한 건 모든 일을 한꺼번에 이루기 위해 조바심을 내기보다는 조금씩 이루고자 하는 태도이다.

한때 퇴사가 이슈였던 적이 있다. 그 당시 퇴사는 고단한 일상에서 벗어나게 해주는 일종의 탈출구와도 같이 느껴졌다. 나도 그러한 흐름에 휩쓸려 성급하게 퇴사를 선택했음을 고백한다. 하지만 40대가 되고 나서야 하고 싶은 일을 찾아 무작정 뛰어드는 '용기'보다 그 일을 하기 위해 차분하고 철저하게 준비해나가는 '인내심'이 더 필요하다는 걸 깨달았다. 용기는 준비가 끝났다는 확신이 섰을 때 비로소 발휘하는 거라는 사실을 많은 일을 겪고 나서야 알게 된 것이다.

C부장처럼 자신이 하고 싶은 일을 하기 위해 차분하게 준비해나가

다 보면 자신의 현재 상황을 보다 객관적으로 들여다볼 수 있으며, 그 과정에서 목표를 수정하거나 새로운 목표를 발견하는 등 보다 입체적인 준비를 할 수 있다.

40대의 선택은 결코 가벼워서는 안 된다. 가볍게 움직이기에는 남은 인생이 길지 않고 사용할 수 있는 에너지 역시 많지 않다는 점을 절대 잊지 마시길.

40대 직장인을 위한
고용 건강 점검 리스트

항목별로 자신에게 해당하는 척도를 체크하면 자신의 고용(직업) 안정성
을 진단해볼 수 있다.

☑ 현재 직장의 평균 근속 연수

공기업이나 대기업에서는 평균 근속 기간이 10년이 넘기도 하지만,
중소기업의 경우 체감 근속 연수가 1~2년에 불과하다. 중소기업은 장기
적이고 안정적인 사업보다 규모가 작고 짧은 주기의 사업을 주로 하기에
오래 근무할 수 있는 분위기가 아닌 경우가 많다. 그러므로 사업 환경이
나 선배들의 근속 연수 등을 통해 자신이 몸담은 회사에서 어느 정도까지
근무할 수 있는지 잘 살펴봐야 한다.

평균 근속 연수	1년 미만	1년 이상 3년 미만	3년 이상 5년 미만	5년 이상 7년 미만	7년 이상
척도	1	2	3	4	5

☑ 현재 직장의 장래성

직장인의 운명은 회사의 운명과 같이 갈 수밖에 없다. 최근 3년 동안의 매출 추이, 신기술에 대한 투자 여부, 주력 아이템의 전망 등을 종합하여 회사의 장래성을 신중하게 검토해야 한다. 특히 코로나19 이후에는 어느 업종이든지 디지털 관련 역량이 회사의 미래를 판가름 짓는다고 해도 과언이 아니므로 이 부분 역시 잘 살펴야 한다.

현 직장의 장기 전망	매우 부정적	부정적	보통	긍정적	매우 긍정적
척도	1	2	3	4	5

☑ 현재 자신의 역량 수준과 팀 내에서의 영향력

회사에서 요구되는 역량의 수준은 현재 자신의 직책에 따라 달라질 수 있다. 팀장 이상의 리더라면 사업 기회를 창출하는 기획력 또는 추진력이 중요한 요소다. 리더의 직책을 맡고 있지 않더라도 40대 이상의 직원에게는 기획력이나 사업 관리 능력 등 2030 직원보다 더 넓은 시각을 갖출 것이 요구된다.

현재 역량과 영향력 수준	매우 낮은 편	낮은 편	보통	높은 편	매우 높은 편
척도	1	2	3	4	5

☑ 회사 내 급격한 위기가 왔을 때 팀의 생존 가능성

이 항목을 점검하기 위해서는 상상력이 필요하다. 위기가 어떤 모습으로 찾아올지 상상하고, 위기의 결과도 상상해야 한다. 현재 회사 또는 팀의 주력 사업 아이템이나 주력 업무의 실적이 30% 이상 하락하는 경우, 자신에게 그 위기를 극복할 위기 관리 능력이 있는지 생각해보는 것이다. 한편 언제 닥칠지 모를 위기를 대비한 플랜B를 위해 틈틈이 커리어 관리를 해나가는 것이 좋다.

위기 발생 시 극복 가능성	매우 부정적	부정적	보통	긍정적	매우 긍정적
척도	1	2	3	4	5

☑ 각종 변화에 적응하기 위해 기울이는 노력의 정도

조금씩 밀려오는 변화의 파도 역시 직장인의 미래를 불안하게 만드는 요소다. 변화는 체감하기 어렵고 감지했을 때는 이미 늦어버린 경우가 대부분이다. 변화를 일찍 감지했다고 해도 어떻게 준비해야 하는지 막막하기도 하다. 한때 회사를 다니면서 틈틈이 박사 학위를 준비하는 직장인이 많았으나 대학의 수가 점점 줄어들고 학위를 따는 데 드는 시간이 변화의 속도를 못 따라간다는 점에서 이마저도 무용지물이 되고 있다. 이러한 변화에 적응하는 데 얼마나 노력하는지를 스스로 성찰해보자.

변화에 대한 준비 수준	매우 소극적	소극적	보통	적극적	매우 적극적
척도	1	2	3	4	5

☑ 현재의 회사에 대한 전반적인 만족도

만족도는 급여 수준, 일하는 동료들과의 팀워크, 적성 등 다양한 요소들이 결합되어 종합적으로 나타나는 결과다. 특별한 변수가 없는 한 계속해서 현재의 직장을 떠날 의사가 없다면 만족도가 상당히 높다고 할 수 있다. 물론 다른 곳으로 갈 수 있는 능력이 없어 마지못해 다니는 것과는 구별해야 한다. 앞서 살펴본 일부 요소들에 불만이 있더라도 현재의 직장에 비교적 만족하고 있거나 애정이 있다면, 현재의 삶을 유지하기 위해 최선을 다할 것을 권한다. 현재의 삶을 유지하는 데도 많은 에너지가 소모된다. 그러므로 한정된 에너지와 시간, 자원 등을 어디에 집중적으로 투입할 것인지 냉철하게 고민해야 한다.

현 직장에 대한 만족도	매우 불만족	불만족	보통	비교적 만족	매우 만족
척도	1	2	3	4	5

체크한 점수를 그림에 표시해보자.

● 40대 직장인 고용 건강 점검

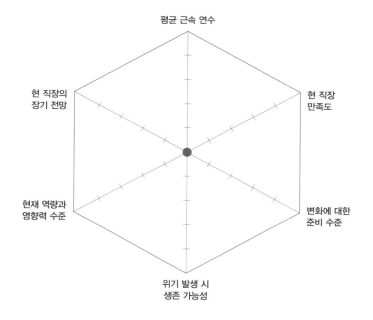

40대 전문직 또는 자영업자를 위한
직업 건강 점검 리스트

전문직이나 프리랜서 또는 자영업자의 직업 건강을 점검하기 위한 다양한 요소를 소개한다. 사실 이 모든 걸 갖출 수 있는 사람은 거의 없다. 또한 소개한 요소들 중에서 최소한 어떤 것들을 갖추고 있어야 하는지 명확한 기준 역시 제시하기 힘들다. 다만 확실한 건, 소개한 요소들을 제대로 점검하지 않으면 위기를 맞이할 가능성이 매우 커진다는 사실이다. 그러므로 자신에게 가장 부족하다고 생각되는 사항이 어떤 것인지 객관적이고 냉철하게 점검한 다음 그 부분을 보완해나가기 바란다.

☑ 업종 전체의 추이와 환경

프리랜서, 전문가, 자영업자는 업종 전체의 추이나 환경에 상당한 영향을 받는다. 코로나19 이후 IT에 대한 수요가 크게 늘면서 IT 관련 전문가들의 몸값이 높아진 것이 대표적이다. 또 영상 제작 및 편집자, 유튜브 등의 콘텐츠 기획이나 제작 전문가의 몸값이 계속 높아지고 있는 것도 비슷한 맥락이다. 요식업도 특정 아이템이 유행을 타는 경우가 있다. 그러므로 트렌드의 변화와 흐름을 민감하게 포착하며 그 흐름에서 뒤처지지 않도록 늘 주의해야 한다.

업계 전체의 추이와 환경	매우 부정적	부정적	보통	긍정적	매우 긍정적
척도	1	2	3	4	5

☑ 사업의 매출 추세와 장기적 전망

자영업자는 무엇보다 매출 추이를 신경 써야 한다. 단순히 매출 추이만 파악하기보다는 매출 변동에 영향을 주는 요소가 무엇인지를 아는 것이 중요하다. 매출이 오른다면 어떤 아이템이 긍정적인 영향을 미치는지 알아야 매출을 더 늘릴 수 있으며, 매출이 하락할 때는 부정적인 요소를 파악해서 하락 추세를 되돌려야 한다. 최소한 월 단위로 매출 추이를 살피면서 긍정, 부정적 요소를 점검한다. 아울러 최근 1년 이내의 매출 흐름을 살펴보고 보다 장기적인 준비도 게을리해서는 안 된다. 만약 1년 이상 하락 흐름이 이어지고 있다면 그 흐름을 되돌리기 위해서 어떤 일을 해야 하는지 필사적으로 찾아야 한다.

자기 사업의 장기적 전망	매우 부정적	부정적	보통	긍정적	매우 긍정적
척도	1	2	3	4	5

☑ 충성 고객의 비율과 매출

충성 고객이란 내가 생산하는 아이템 또는 콘텐츠에 꾸준히 관심을 가지며 지속적으로 재구매를 해주는 고객군이다. 나 역시 충성 고객에게 마케팅을 집중한 결과 코로나19 이전보다 매출이 오르는 걸 경험할 수 있었다. 충성 고객이 많을수록 고정적인 매출을 확보할 수 있다. 충성 고객으로 인한 안정적 운영이 이뤄져야 신규 고객 확보나 신규 사업 진출을 위한 여유가 생긴다는 점을 잊지 말자.

충성 고객의 매출 비율	거의 없음 (5% 미만)	없는 편 (5~10%)	보통 (10~20%)	많은 편 (20~30%)	상당히 많은 편 (30% 이상)
척도	1	2	3	4	5

☑ 전문성과 업계 내에서의 평판 및 브랜드 인지도

전문직 또는 자영업자는 고객에게 얼마나 큰 가치와 만족감을 안겨줄 수 있는지가 중요하다. 그러나 최근에는 전문직이나 자영업자들의 경쟁이 치열해지면서 전문성이 점점 상향평준화되고 있다. 그러다 보니 업계 내에서의 평판과 브랜드 인지도에 따라 사업의 성패가 결정되는 추세다. 평판은 한번 구매한 고객으로부터 전파되는 경우가 대부분이므로 구매 이후에도 지속적으로 긍정적인 관계가 이뤄질 수 있게끔 이벤트 등으로 고객 관계 개선에 집중해야 한다. 브랜드 인지도란 어느 정도의 고객이 우리를 알고 있는가와 고객들이 우리를 어떻게 인식하고 있는가의 문제다. 브랜드 인지도는 단시일에 형성하기 어려울 뿐만 아니라 객관적으로 파악하기도 어렵다. 브랜드 인지도를 파악하기 위한 가장 확실한 방법은 고객 또는 예비 고객을 대상으로 간단한 설문조사를 실시하는 것이다. 전문성이나 고객 서비스의 수준을 비롯해서 우리 브랜드에 대한 인식 등을 직접 물어보는 것이 가장 확실하다.

자기 사업의 브랜드 인지도	아는 사람이 거의 없는 편	소수의 사람만 인지하는 편	다른 업체와 비슷한 편	다른 업체보다 높은 편	업계 최고의 인지도
척도	1	2	3	4	5

☑ 주력 아이템의 비중과 향후 수익성

유명한 식당일수록 주력 메뉴의 수가 적다. 극단적으로 오직 한 메뉴만 파는 식당도 있다. 사업도 마찬가지다. 대부분의 수익은 주력 아이템에서 나온다. 신규 아이템이 당장 수익을 내는 사례는 거의 없다. 그러므로 어느 정도의 여유가 생기기 전까지는 주력 아이템을 키우는 데 집중해야 한다. 자기 사업에서 주력 아이템이라 부를 수 있는 것들이 어떤 것인지 살펴보자. 또한 이들 주력 아이템이 언제까지 유효한지도 냉정하고 객관적으로 따져봐야 한다.

주력 아이템의 비중	매우 부정적	부정적	보통	긍정적	매우 긍정적
척도	1	2	3	4	5

☑ 위기 발생 시 현금 조달 가능성과 생존 가능성

앞서 살펴본 모든 사항들이 긍정적이라 할지라도 갑작스러운 위기가 닥쳤을 때 당장 버틸 수 있게 해주는 건 '현금'밖에 없다. 지금 당장 매출 채권이 발생했더라도 그게 현금화되기까지는 최소한 한 달 이상이 걸린다. 그사이 직원 급여, 각종 비용 등이 발생하면 어떻게 돈을 충당할 것인가? 그리고 최악의 위기가 닥쳐 매출이 거의 발생하지 않을 때 어느 정도 버틸 수 있는지 등을 냉정하게 생각해봐야 한다.

자영업에선 워낙 변수가 많기에 나는 부부가 모두 자영업을 하는 걸 추천하지는 않는 편이다. 부부 중 한 명은 안정적인 월급을 받고 있어야 생활이 유지되고 은행에서 대출받기도 용이하다. 자영업자보다는 직장인이 대출받기가 훨씬 쉽기 때문이다.

위기 발생 시 지속 가능 기간	1개월 미만	3개월 미만	6개월 미만	1년 미만	1년 이상
척도	1	2	3	4	5

체크한 점수를 그림에 표시해보자.

● 40대 전문직 또는 자영업자 직업 건강 점검

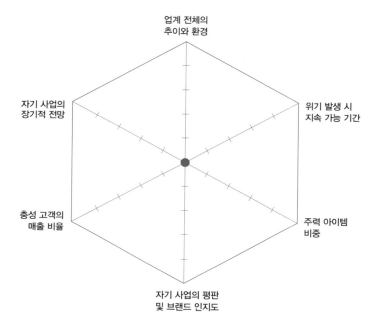

함께 갈 나의
인간관계 점검하기

표범 한 마리가 개코원숭이 무리로 다가간다. 표범은 개코원숭이의 가장 큰 천적이다. 근력이나 민첩성에서 개코원숭이를 압도한다. 원숭이의 장점인 나무를 잘 타는 능력 역시 표범 앞에서는 의미가 없다. 개코원숭이 무리 중 하나는 희생양이 될 게 뻔하다. 그러나 개코원숭이들은 도망가지 않고 표범을 향해 둥그렇게 모여 맞선다. 긴장감 넘치는 대치 끝에 표범은 사냥을 단념하고 도망쳐버린다.

유명한 다큐멘터리에 나오는 이 장면은 정글과 마찬가지로 약육강식의 법칙이 지배하는 사회를 살아가는 우리에게 많은 시사점을 준다. 탄탄한 네트워크를 가지고 있다면 위기가 닥쳐도 극복할 수 있다는 메시지를 주는 것이다. 이처럼 40대 이후에는 혼자서 빛나기보다는 주변의 네트워크와 함께할 때 더 큰 힘을 얻을 수 있다. 지금부터는 나의 네트워크를 점검해보고 나의 삶에 힘이 되어줄 사람들과 정서적인 지지를 보내줄 네트워크의 형성에 대해 살펴보도록 하자.

나는 어떤 사람들과 연결되어 있나

내가 만나고 있는 사람을 보면 내가 하는 일을 알 수 있다. 그러므로 나의 업무상 네트워크는 물론 사적인 모임까지, 나의 네트워크를 점검해보는 일은 중요하다.

최근에는 직접 만나는 것보다 온라인 네트워크가 더 중요해졌다. 페이스북이나 인스타그램과 같은 전통적인 SNS 활동 외에도 링크드인 같은 구인구직 플랫폼은 물론 클럽하우스처럼 독특한 형태의 네트워크까지 등장했다. 이와 같은 새로운 형태의 네트워크에 대해서 거부감을 가지고 멀리하기보다는 긍정적으로 활용할 필요가 있다.

온라인 네트워크에 대해 거부감을 가지는 가장 큰 이유는 자신을 제대로 드러내기 어렵기 때문이다. 직접 만나는 자리에서는 명함을 주고받으며 기본 정보 외에도 그 사람이 풍기는 분위기 등 종합적인 '인상'을 느낄 수 있지만, 온라인에서는 오로지 텍스트를 통해서만 상대를 파악할 수 있을 뿐이다. 텍스트나 이미지를 통해 보이는 모습이 실제 그 사람의 모습인지도 알기 어렵다. 실제로 온라인에서 오프라인과는 다른 제3의 정체성을 가지는 사람이 적지 않다.

그럼에도 온라인 네트워크의 비중은 갈수록 커져서 이제 40대라고 해서 이를 멀리할 수만은 없게 되었다. 지금부터 자신의 네트워크를 점검해보고 올바른 온라인 에티튜드와 함께 자신에게 맞는 온라인 소통 전략을 찾아야 한다. 아래의 세 가지 질문들에 답해보면서 나의 온라인 소통 전략과 방향을 점검해보자.

SNS의 목적과 방향성에 맞게 프로필을 설정했는가

SNS 등의 온라인 네트워크의 방향성을 점검하기 위해서는 우선 자신의 목표가 무엇인지 명확하게 인식해야 한다. 물론 개인 SNS 계정을 한 가지 목적만으로 활용하는 경우는 드물다. SNS 활용의 주된 목적을 사업 또는 개인 홍보에 두더라도 일상 모습을 적절히 섞어 공유하기도 한다. 실제로 그게 네트워크 형성에 더 도움이 된다.

목적에 맞게 자신의 정체성이 잘 드러나는지 SNS 콘텐츠를 점검해보자. 가장 중요한 것은 프로필이 매우 명확해야 한다는 것이다. 내가 누군지, 무엇을 하는 사람인지 간략하면서도 분명하게 전달해야 한다. 안타깝게도 대부분의 사용자들은 SNS 프로필에 현재의 직장이나 과거의 경력만 올리는 경우가 많다.

이제부터는 자신의 프로필을 다시 점검하여 내가 어떤 사람인지 분명히 표현하도록 하자. 어렵게 생각하지 말고 '20년 차 발 넓은 제약 영업 전문가' 또는 '15년 경력, 브랜드 마케팅 전문가' 등 경력과 직업뿐 아니라 이른바 '셀프금칠', 즉 어느 정도 자신을 돋보이게 하는 문구를 넣으면 된다.

팔로워들에게 적절한 정보를 제공하고 있는가

두 번째로 점검해야 할 사항은 SNS 친구들에게 자신이 하고 있는 일에 대한 적절한 정보나 가치를 제공하고 있는지 점검하는 것이다. 가령 리더십 컨설턴트로 활동하고 있는 사람의 SNS인데, 피드에 취미인 낚시를 하는 모습이 훨씬 많이 올라와 있다면 이건 자신을 브랜딩하거나 홍보하기 위한 계정이 아니라 단순히 일상을 공유하는 계정이 되어버린다. 그러므로 자신이 사용하고 있는 계정의 목적에 맞는 정보나 가치를 제공하고 있는지 점검할 필요가 있다.

나에게 필요한 사람들이 유입되어 있는가

SNS의 편리한 기능 중 하나가 바로 '친구 추천'이다. 나의 관심사, 핸드폰 연락처, 네트워크 구성 등을 분석하여 자동으로 친구를 추천해주는 기능인데, 계정을 만든 직후에는 이런 기능을 활용하여 팔로워 수를 빠르게 늘릴 수 있다. 하지만 이 기능에만 의존하다 보면 나의 목적에 맞는 사람이 유입되기보다는 기존에 알고 있던 사람과 연결된 사람들이 주로 유입된다. 나를 브랜딩하는 데는 당연히 좋은 흐름이 아니다.

그러므로 SNS 계정의 친구 리스트를 보며 자신의 SNS 계정 목적에 맞는 사람들이 유입되고 있는지 점검할 필요가 있다. 만약 목적과 맞지 않는 사람들만 유입되고 있다면 해시태그 또는 키워드 등을 활용하여 콘텐츠의 전문성을 더욱 부각시킬 필요가 있다.[21]

---

21 콘텐츠 작성 및 키워드 활용에 대한 자세한 내용은 이어지는 4부 '리폼(Re-form)' 전략 부분을 참고한다.

손절해야 할 사람 vs 손잡을 사람

30대까지는 인맥을 형성하는 시기이므로 그 과정에서 많은 상처를 받기도 하며 소외를 당하는 일도 있다. 하지만 40대부터는 자신이 형성한 네트워크를 활용해야 한다. 이때부터는 손절해야 할 사람과 손잡을 사람을 구분해야 한다. 나에게 적대적인 사람에게 잘 보이려고 시간을 낭비할 필요가 없다. 그런 사람들은 과감하게 끊어내고 나에게 필요한 사람들과 손잡고 더욱 강력한 네트워크를 형성해야 한다.

그렇다면 어떤 사람을 손절해야 하며, 어떤 사람과 손을 잡아야 하는 걸까? 물론 인간관계에 있어서 절대적인 기준은 없다. 힘들 때 전혀 생각지도 못한 사람이 도움을 주기도 하는 등 예측하기 힘든 부분이 바로 인간관계이다. 그러나 40대가 되면 다양한 경험을 바탕으로 인간관계를 바라보는 자기만의 기준이 형성된다. 우선은 자기 기준을 먼저 잘 생각해보되, 귀한 인연의 보편적인 기준들을 더해 나만의 명확한 인간관계 틀을 설정해보자.

손절해야 할 사람들의 특징

가장 먼저 그 사람이 사용하는 언어를 봐야 한다. 매사에 부정적인 언어를 사용하는 사람이거나 그 부정적인 말을 나에게 내뱉는 사람이라면 반드시 손절해야 한다. 말에는 힘이 있다. 사람의 운명은 자신이 말하는 대로 이뤄지는 경우가 많다. 그러므로 매사에 부정적인 말을 하는 사람들의 인생은 자신이 내뱉은 말대로 부정적인 방향으로 흘러갈 가능성이 크다. 또 그런 사람이 나에게도 부정적인 말을 내뱉는다면 굳이 그런 사람 옆에서 부정적인 말을 들을 필요가 전혀 없다.

다음으로 경계할 사람은 자기 자랑이나 자존심이 지나치게 강해 평판에 예민한 사람이다. 조직 내에서 문제를 일으키거나 동업 관계를 깨뜨리는 사람들의 공통점이 바로 이것이다. 물론 자존감이나 자존심이 너무 약한 것보다는 어느 정도 강한 사람들이 강한 멘털을 가지고 있는 건 분명하다. 하지만 그 정도가 너무 지나쳐 자신의 평판에 예민한 사람이라면 언젠가는 문제를 일으킨다. 그러므로 적당히 비위는 맞춰주되 가급적 거리를 두는 것이 좋다.

오로지 자신의 이익만을 위해 움직이는 사람, 또는 자신의 관점에서만 문제를 바라보는 사람도 관계를 끊어야 한다. 한마디로 '이기적인 사람'이기 때문이다. 이들은 겉으로는 친한 척하고 아껴주고 위해주는 척하지만 자신에게 조금이라도 불이익이 생기면 태도가 돌변한다. 지나치게 자기중심적인 사고를 가진 사람의 경우 대화를 하다 보면 그런 모습이 은연중에 드러나므로 평소에 잘 파악해두자.

나를 아랫사람으로 인식하거나 깔보는 듯한 사람도 주의하자. 이런 사람들은 남이 자기보다 잘되는 모습을 인정하지 않기 때문에 어떻게든 남을 깎아내리려고 한다. 종래에는 나의 자존감을 깎는 가스라이팅 언어를 펼칠 수도 있으니 말도 섞지 않는 게 좋다.

과거에 나를 배신하거나 신의를 저버린 일이 있는 사람은 어떨까?

너무 단언하는 것일 수 있으나, 배신은 습관이다. 과거에 신의를 저버린 사람은 비슷한 상황이 닥쳤을 때 똑같이 행동할 가능성이 매우 높다. 그런 사람은 안 보는 게 좋지만, 회사에서 마주쳐야만 하는 사람이거나 사업적으로 꼭 거래를 해야만 하는 상황이라면 그 사람에게는 최소한의 마음만 허락하면 된다.

약속을 쉽게 하거나, 약속한 일을 제대로 지키지 않는 사람도 손절 리스트에 올려야 한다. 약속의 가치는 정말 중요하다. 우리나라에서는 '밥 한번 먹자'가 단순한 인사치레인 경우가 많지만 사실 이러한 약속도 함부로 해서는 안 된다. 서구권에서는 약속이나 계약을 매우 소중하게 생각한다. 계약이나 약속은 신뢰를 기반으로 하는 점에서 크게 다르지 않다. 만약 상대가 약속을 함부로 하는 사람이라면 그런 사람과는 어떠한 약속도 하지 않는 것이 좋다. 작은 약속이라도 그 가치를 존중하지 않는 사람과 어떻게 중요한 계약을 맺고 신뢰 관계를 형성할 수 있겠는가.

마지막으로 나에게 적대적인 사람, 내가 하는 일에 무조건 반대부터 하는 사람은 지금 당장 관계를 끊어내자. 40대 이후부터는 쓸데없는 인간관계를 유지하기 위해 낭비할 시간이나 에너지가 없다. 가장 대표적인 경우가 나에게 적대적인 사람들이다. 물론 오해가 있었다면 적극적으로 해명해야겠지만, 그게 아니라면 굳이 이런 사람들에게 잘 보이려 노력할 필요가 없다. 모든 사람에게 잘 보이려는 착한 사람 콤플렉스에 빠지는 순간, 인생은 피곤해지기 시작한다. 내가 아무리 잘 행동해도 나에게 부정적인 사람은 반드시 생기게 마련이다. 철길 옆 똥개가 짖는다고 기차가 멈추지는 않는다. 우리 인생도 거침없이 달리는 기차가 되어야 하지 않을까.

손잡아야 할 사람들의 특징

가장 먼저 나보다 뛰어난 능력이 있어 본받거나 배울 점이 있는 사람은 무조건 잡아야 한다. 뛰어난 업무 능력을 가진 사람은 자산가나 다름없다. 부동산 같은 실물 자산을 소유한 사람보다도 능력이 뛰어난 사람을 가까이하는 게 진정 '부자로 가는 길'이다. 능력은 나이와 관계가 없으니 어린 사람이라 할지라도 뛰어난 능력이 있다면 소중하게 여기고 존중해줘야 한다.

다음으로는 뛰어난 영업 능력이나 사교성 덕분에 넓은 네트워크를 구축하고 있는 사람과의 관계를 중요히 여겨야 한다. 이미 상당한 네트워크를 구축한 사람이 있다면 무조건 가까이해야 한다. 그가 구축한 현재의 네트워크를 이용하는 것도 중요하지만, 그가 형성해나갈 미래의 네트워크 역시 소중하다. 만약 본인이 사교성이 부족하다 생각된다면 이런 사람 옆에서 도움을 받을 수 있다.

실력이 뛰어나지만 인격적으로도 성숙하고 겸손한 자세를 가진 사람의 손도 꽉 붙들자. 이런 사람과 가까이 지내야 한다는 건 말해 뭐 할까. 너무 당연한 말이다. 문제는 능력 좋고 인성 바른 사람이 흔치 않다는 것이다. 그리고 더 중요한 문제는 이런 사람의 곁에 있기 위해서는 나 자신도 성숙하고 겸손한 인격을 가져야 한다는 것이다. 사실 내가 그런 사람이라면 내 주위에는 이미 나와 비슷한 좋은 사람들이 존재한다. 결국 자신의 인격을 닦는 것이 중요한 포인트다.

한 가지 분야에서 탁월한 전문성을 쌓은 사람도 손잡아야 할 사람이다. 어느 분야든지 탁월한 경지에 이른 사람들은 남다른 혜안을 가지고 있다. 그런 사람이 하는 말에는 늘 귀를 기울여야 한다. 남들은 생각하지도 못한 부분을 볼 줄 알기 때문이다. 그들의 경험과 지혜를 활용할 수 있어야 나의 성공 가능성도 높아진다는 점을 잊지 말자.

다음으로는 좀 주의 깊게 봐야 할 사람이다. 착실하게 자신의 일을 수행해나가는, 책임감 있는 사람인데 이들은 대개 눈에 잘 띄지 않기 때문이다. 하지만 눈에 잘 띄지 않는다고 해서 그들의 가치를 깨닫지 못하는 건 너무나 어리석은 일이다. 그러므로 숨겨진 보물을 찾는 것처럼 주위를 둘러보며 이런 사람이 있는지 세심하게 살펴보자.

여러 가지 안 좋은 상황에서도 긍정적인 태도나 유머를 잃지 않는 사람과도 좋은 관계를 유지해야 한다. 좋지 않은 상황이 닥치는데도 긍정적인 태도를 잃지 않는 사람은 저평가된 우량주식과 같다. 그런 사람은 언젠가는 활짝 피는 시기를 맞이하게 된다. 그때 가서야 친한 척하는 건 하수들이나 하는 짓이다. 미리 파악하고 아낌없는 지지와 지원을 보내주자.

마지막으로 나와는 반대되는 성향을 가졌거나, 나에게는 없는 능력을 가진 사람의 손을 잡자. 아무리 능력이 뛰어나거나 통찰력이 있는 사람이라도 모든 걸 다 볼 수는 없다. 그래서 나와는 정반대의 성향을 가졌거나 나에게는 없는 능력을 가진 사람들을 가까이해야 한다. 내게 부족한 부분을 채워주는 이들은 잃어버린 퍼즐 한 조각과 같다. 나는 기획력은 뛰어난 편이지만 일을 꼼꼼하게 점검하는 능력이 떨어진다. 그래서 항상 꼼꼼한 사람들과 가까이 지내려고 노력하며 그들의 도움을 구하려 한다. 실제로 꼼꼼한 사람들의 조력 덕분에 큰 성과를 냈던 적이 많았다. 이처럼 나와는 다른 사람과 가까이 지낸다는 것은 세상을 입체적으로 바라볼 수 있는 눈을 가지는 것과 다름없는 일임을 명심하자.

나에게는 얼마만큼의 사회적 지지자가 있는가

앞서도 밝혔지만 나는 30대 후반에 대기업을 뛰쳐나와 다양한 일에 도전했다. 그중 하나가 바로 책을 쓰는 일이다. 요즘에는 책 쓰는 걸 도와주고 관리까지 해주는 과정들이 생겼지만 당시만 해도 그런 과정 자체가 거의 존재하지 않았을 뿐만 아니라 일반인이 책을 쓴다는 것 자체가 상당히 낯설게 느껴지던 시기였다. 나 역시 혼자 힘으로 책을 쓰려고 하니 힘든 일이 한두 가지가 아니었다. 회사에서 보고서만 쓰다 보니 문체도 딱딱했고 어떤 주제를 잡아야 할지도 막막했다. 무엇보다 책을 쓰기 위해 필요한 인문학적 소양이 부족하다는 걸 절실히 깨달았다.

그때 누군가 인문학적 소양을 쌓으며 책을 쓰는 커뮤니티가 있다고 알려줬다. 바로 '함께성장연구원'이다. 매년 두세 차례씩 지원자를 모집하여 기수제로 운영되는 커뮤니티인데 구성원들 사이도 탄탄해 보이고 인문학 커리큘럼도 상당히 체계적으로 느껴졌다. 때마침 기수를 모집한다는 공지가 있어서 바로 지원했고, 그때부터 그곳은 나에게 가장 소중한 커뮤니티가 되었다.

비슷한 관심사를 가지고 같은 목표를 가진 사람들이 모이니 시너지 효과가 상당했다. 네이버 카페를 통해 온라인으로 소통하고 한 달에 한 번 이상 오프라인으로도 만나면서 서로에게 가장 큰 힘이 되어주는 끈끈한 존재가 되었다. 나는 그곳에서 느꼈던 동질감과 구성원들에게 받았던 격려, 그리고 함께성장연구원을 이끄는 선생님의 가르침 덕분에 정말 많은 성장을 이뤘다. 첫 책을 출간하던 날 그들이 베풀어준 출간기념회는 평생 잊을 수 없는 추억으로 남았다.

이처럼 동일한 목표를 가진 사람들이 보내주는 지지와 격려는 큰 힘이 된다. 특히 40대 이후에는 가족보다도 이러한 커뮤니티에서 느끼는 동질감이 더욱 크게 다가온다. 최근에는 독서 모임을 비롯해서 다양한 커뮤니티가 활성화되고 있으니 이런 모임에 가입하여 활동할 것을 적극 추천한다. 물론 커뮤니티에서만 지지를 받을 수 있는 건 아니고 개인적인 모임을 통해서도 충분히 가능하다. 하지만 개인적인 모임은 규칙적이고 주기적인 만남이나 소통을 유지하기 어렵다는 단점이 있다.

정서적 또는 사회적인 지지가 필요한 경우, 커뮤니티 혹은 모임을 활용할 수 있는 방법과 선택 기준을 아래에 정리해보았다. 혼자보다는 함께 걸어갈 때 더욱 큰 시너지를 낼 수 있으므로 다양한 커뮤니티에 참여해보자.

나의 목적에 맞는 커뮤니티인가

정서적 또는 사회적인 지지를 얻기 위해서는 무엇보다 '동질감'이 중요하다. 그러므로 모임의 성격이나 목적이 내가 추구하는 방향과 맞는지 신중하게 검토해야 한다. 또한 그 목적에 맞는 사람들이 가입하고 활동하고 있는지, 얼마나 오래 유지되었으며 평판이 어떠한지 구체적으로 알아보는 것이 좋다. 실제로 가입하여 활동하고 있는 사람들을 통해 확인하는 것이 가장 정확하다.

가입 기준, 활동 자격 등이 적합한가

대부분의 커뮤니티는 일정 수준 이상의 활동을 해야만 멤버 자격이 주어지는 경우가 대부분이다. 이때 커뮤니티에서 요구하는 기준이 내가 수행할 수 있는 범위에 있는지 신중하게 생각해야 한다. 아무리 커뮤니티가 소중해도 본업을 해치면서까지 활동할 이유는 없기 때문이다.

실제 목적에 맞게 커뮤니티가 운영되고 있는가

처음에는 목적에 맞게 운영되던 커뮤니티라 하더라도 시간이 지날수록 변질되는 경우가 상당히 많다. 특정 목적을 위해 모였지만 갈수록 단순 친목 모임이 되는 일이 부지기수다. 물론 친목도 중요하다. 그러나 친목 그 자체가 목적이 되어서는 안 된다는 점을 기억하자. 목적성이나 방향성이 중심이 되고 이를 위한 친목이 이뤄지는 것이 가장 이상적이다.

나의 디지털 역량
수준 체크하기

40대에게 디지털 역량이 필요한 이유

그야말로 디지털 시대가 왔다. AI나 자율주행과 같은 거창한 기술을 들먹이지 않더라도 우리 생활 곳곳에 디지털이 스며들었다. 이제 아무리 40대라 해도 디지털과 관련된 역량을 갖추지 않으면 살아남을 수가 없다.

말은 이렇게 하지만 나 역시 IT나 디지털에 대해 완벽하게 무지했음을 고백한다. 법대를 졸업한 전형적인 문과생이었던 데다 IT에 대한 선천적인 거부 반응까지 있었다. 모니터에 에러 메시지가 뜨면 도대체 무슨 내용인지 이해가 가지 않아 짜증 내기 일쑤였고 인터넷 쇼핑조차 하기 싫어서 아내에게 부탁할 정도였다.

그러다가 거의 반강제적으로 디지털 세상에 편입하게 되었다. 10년 전, 자동차 회사에서 인사 관리 업무를 맡게 되면서부터 어쩔 수 없이 IT와 관계를 맺어야 했기 때문이다. 사내 ERP(전사적 자원 관리) 시스템에 입력된 2만 명이 넘는 직원들의 급여, 근태 관련 데이터를 분석하거나 인사 관리 시스템을 개선하는 등의 프로젝트를 맡으면서 조금씩 IT에 눈을 뜰 수 있었다. 하지만 이건 그야말로 시작에 불과했다.

2014년 회사를 떠나 자영업을 하면서는 생계를 위해 적극적으로 디지털 세상에 발을 들여야만 했다. 당시에는 페이스북과 같은 SNS의 인기가 하늘을 찌를 때라 온라인 마케팅에도 불이 붙던 시기였다. 나도 독학으로 온라인 마케팅과 영상 편집 등을 익혀 네이버 카페나 SNS, 블로그에 콘텐츠를 올리기 시작했다. 이렇게 직접 디지털 콘텐츠를 만들고 광고를 집행하는 사이 온라인 마케팅에도 눈을 뜰 수 있었다.

그러다 2019년 지금의 회사에 마케팅 팀장으로 입사한 이후에는 본격적으로 디지털과 관련된 일을 하기 시작했다. 각종 플랫폼에 담길 온라인 광고와 랜딩 페이지, 유튜브와 SNS 등에 탑재될 디지털 콘텐츠, 홈페이지의 UI와 UX를 기획하는 등 대부분의 업무가 디지털 중심으로 진행되었다. 이러한 업무를 수행하기 위해서는 IT 부서와 웹디자이너들과의 협업이 필수였는데 처음에는 그들이 하는 말을 도무지 알아들을 수가 없어서 혼자 바보가 된 느낌이었다. 그래서 이를 악물고 HTML이나 CSS는 물론이며 JAVA와 같은 프로그래밍 언어의 기본을 공부하며 실력을 쌓아나갔다.

그러던 어느 날 코로나19가 급속히 퍼지기 시작했고 그와 동시에 디지털 전환에도 가속도가 붙기 시작했다. 마케팅 팀장을 맡은 덕분에 나는 그 속도를 1열에서 체감할 수 있었다. 내가 속한 회사는 HR 분야 중에서도 인재 개발이 주력 분야인데, 코로나19로 인해 기존의 대면 워크숍들이 빠르게 줄어나 메타버스 등의 비대면 실시간 교육으로 대체되기 시작했다. 회사의 모든 회의실은 비대면 교육을 위한 스튜디오로 변경되었으며 심지어 사장실조차 스튜디오로 사용해야 할 정도로 디지털 수요가 폭증하기 시작했다.

디지털 전환의 속도보다 뒤처지는 회사들은 바로 낭떠러지 아래로 떨어졌다. 코로나19 초기에 디지털 전환이라는 변화를 대수롭지 않게 여겼거나 그럴 만한 역량이 부족한 회사들은 정말이지 한순간에 시장에서 사라졌다. 반면 소규모 업체라 해도 이러한 변화를 일찍 감지하고 발빠르게 대응했던 업체들은 급부상하기 시작했다. 불과 몇 개월 사이에 지난 10여 년간 공고하게 유지되었던 업계 지형도가 완전히 변해버린 것이다.

다행히 내가 몸담은 회사는 이러한 변화를 빠르게 감지한 덕분에 위기에도 불구하고 매출을 올릴 수 있었다. 하지만 그 변화에 적응하는 과정은 결코 쉽지 않았다. 디지털 전환이라는 큰 방향만 알았지, 그것이 구체적으로 어떤 모습으로 구현될지는 아무도 몰랐기 때문이다. 수많은 회의와 시행착오를 거듭하면서 조금씩 적응해갈 뿐, 여전히 안갯속을 헤매는 기분이다. 이제 좀 감을 잡았다 싶으면 또 다른 기술이나 트렌드가 불쑥 나타나 곤혹스러웠던 적도 한두 번이 아니었다. 게

다가 디지털의 특성상 성과나 실적이 실시간으로 나타나기 때문에 매일매일 긴장 속에 살아야만 했다.

내가 회사라는 울타리 안에서 디지털 마케팅을 위해 고군분투하는 사이, 회사 밖에서는 AI 혁명이 실질적인 변화를 불러오고 있었다. 2014년 자동차 회사를 퇴사할 당시에만 해도 자동차의 중심은 엔진이었다. 하지만 이제 자동차는 거대한 IT 기기로 인식되고 있으며, 자동차 기업들은 전기차와 자율주행 기술의 고도화를 위해 사력을 다하고 있다. 국내에서는 현대자동차그룹이 2018년 AIR LAB[22]을 설립하여 자동차에 인공지능 기술을 결합하고자 노력하고 있다.

회사가 변하니 그 안에서 일하는 직장인도 변해갔다. 코로나19 대유행을 피해 재택근무가 확산되면서 상당수의 직장인이 비대면 플랫폼에 익숙해졌다. 구글 등의 협업 도구 활용도 일상이 되었다. 직장인이 아닌 소규모 자영업자도 디지털화는 피할 수 없었다. 네이버 스마트 스토어에 입점하기 위해서는 디지털 환경에 대한 이해가 필수적이다. 거기다 블로그, SNS, 유튜브 등의 디지털 콘텐츠를 제대로 이해하고 이를 적극적으로 활용하지 않으면 사업을 유지할 수가 없는 상황이 되었다.

위드 With 코로나 또는 포스트 Post 코로나 시대가 와도 디지털화의 속도는 떨어지지 않을 것이다. 오히려 더 빨라져 우리 생활 깊이 스며

---

22 Artificial Intelligence Research LAB, 인공지능 연구소

들어 일정 수준 이상의 디지털 역량을 갖추지 않으면 살아남기 힘들어질 가능성이 크다. 그러므로 더 늦기 전에 앞으로 필요한 디지털 역량이 무엇인지 알아보고 자신의 디지털 역량 수준을 점검해보는 시간을 가져야 한다. 디지털화라는 거대한 바람이 40대를 피해 갈 리 없다는 사실을 명심하자.

디지털 역량 수준 측정하기

우리에게 요구되는 디지털 역량이 무엇인지 살펴보기 전에 '디지털 역량'이 과연 무엇이며 그 범위는 어떠한지 살펴보자. 사실 디지털 역량이라는 말이 나오기 전에 '디지털 리터러시'라는 말이 먼저 탄생했다. 디지털 리터러시는 인터넷이 막 활성화되기 시작하던 1997년, 폴 길스터 Paul Gilster가 저서에서 처음 사용했다. 그는 인터넷에서 찾아낸 정보를 제대로 이해하고 활용하는 능력이 디지털 리터러시라고 정의했다.

하지만 앞서 살펴본 것처럼 IT 기술이 점점 발전하면서 컴퓨터를 활용하는 능력이 중요해지기 시작했고 디지털 리터러시의 범위 역시 확장되었다. 유럽을 중심으로 디지털 리터러시는 단순히 기능이나 능력을 넘어 태도와 관점을 포함한 역량의 개념으로 발전하기 시작했다.[23]

---

23 최숙영, 〈제4차 산업혁명 시대의 디지털 역량에 관한 고찰〉, 《컴퓨터교육학회논문지 21-5호》, 2018

지금과 같이 디지털 기술이 고도로 발전된 사회에서는 단순히 디지털 정보를 이해하고 활용하는 능력인 리터러시보다는 더 광범위하고 적극적인 개념인 디지털 역량이 더 요구된다. 그러므로 이 책에서도 디지털 역량이라는 표현을 사용하기로 한다.

디지털 역량의 의미와 범위에 대해서는 다양한 견해가 존재한다. 이 책에서는 학계에서의 복잡한 정의 대신 '다양한 디지털 도구들을 이용하고 활용할 수 있으며 각종 데이터를 분석하고 활용할 수 있는 역량'으로 규정하겠다. 우리가 갖추어야 할 디지털 역량의 범위 역시 나의 경험과 다양한 사례를 바탕으로 실무와 사업 현장에서 요구되는 현실적인 것들을 중심으로 소개하고자 한다.

앞으로 제시할 디지털 역량의 세부적인 내용과 수준은 IT 전문가의 관점이 아닌, 일반인에게 요구되는 것들을 기준으로 삼았다. IT 기술은 계속 발전하고 있어 일반인들의 수준도 계속 상향평준화되고 있다는 점을 감안해야 한다. 2022년에는 '높은 수준'에 속하던 것들이 1~2년 후에는 보통 수준이 될 수도 있다. 또한 직장인에게 필요한 디지털 역량과 자영업자에게 요구되는 디지털 역량이 다소 다른 부분이 있어서 이를 구별하여 소개하니 자신의 상황에 맞게 적용하기 바란다.

직장인에게 요구되는 디지털 역량

고정적으로 정해진 자리 없이 자유롭게 업무 공간을 선택할 수 있는 '플렉서블 오피스Flexible Office'는 2001년 국내에 처음으로 도입되었

다. 그로부터 20년이 흘렀지만 직급이나 직책에 따른 고정적인 자리
배치가 당연한 것으로 여겨지는 우리나라 직장 문화 특성상 플렉서블
오피스는 사실상 크게 주목받지 못했다. 상황이 이렇다 보니 플렉서블
오피스보다 진일보한 근무 형태인 재택근무는 꿈도 꿀 수 없는 상황이
었다. 그러나 코로나19로 급진전이 이뤄졌다. 통계청이 실시한 〈경제
활동인구조사〉에 따르면 2021년 8월 재택근무자 수는 114만 명에 달
한 것으로 나타났으며, 이는 팬데믹 대유행 이전보다 12배나 늘어난
숫자이다.[24]

재택근무 또는 비대면 원격근무는 근로자에게는 출퇴근 시간 절약
을, 사업주에게는 사무실 등의 비용 절감이라는 혜택을 주기에 계속
확대될 것으로 보인다. 그러므로 '디지털 도구를 활용한 협업 역량'은
앞으로도 요구될 것이라 예상할 수 있다. 디지털 협업 역량의 세부적
인 내용과 수준을 표로 구분해보았다. 표를 보고 자신의 역량 수준을
확인해보자.

직장인에게 요구되는 두 번째 디지털 역량은 데이터의 수집과 분
석을 통하여 문제를 해결하는 '데이터를 활용한 문제 해결 역량'이다.
이는 데이터를 해석하고 활용하는 데이터 리터러시라고 할 수도 있지
만, 넓은 의미에서 디지털 역량에 포함시킬 수 있다고 생각한다. 이 역
량을 보다 구체적으로 설명하면 문제 해결에 필요한 데이터를 수집하

---

24 매일경제, 〈재택근무 사상 첫 100만 명 돌파…팬데믹 후 2년 새 12배 폭증〉, 2021.10.26.

● 디지털 도구를 활용한 협업 역량 수준

역량 수준	구체적인 역량 수준
높은 수준	• 구글 프레젠테이션이나 스프레드시트를 자유자재로 활용하며 협업할 수 있다. • 구글 외에 노션이나 슬랙 등 최근 주목받기 시작하는 협업 도구를 활용할 수 있다. 특히 노션의 임베드 기능이나 데이터베이스 기능 등을 활용하여 협업할 수 있다. • 이들 외에도 다양한 협업 도구에 대한 거부감이 없고 쉽게 사용법을 익힐 수 있다.
보통 수준	• 줌이나 웹엑스 등의 비대면 실시간 도구에 대한 거부감 없이 활용할 수 있다. • 줌 등의 도구에 탑재된 다양한 기능들(주석 기능, 화면 공유 등)을 막힘 없이 사용한다.
낮은 수준	• 온라인 협업 도구를 사용해본 적이 없거나, 경험이 있더라도 익숙하게 활용하기 어렵다. • 온라인 협업 도구에 대한 막연한 두려움이나 거부감이 있다.

고 그 데이터에 나타난 의미를 이해하고 해석할 수 있는 역량이다.

앞으로의 시대는 AI의 시대가 될 것이다. AI 시대에 가장 중요한 자산은 바로 데이터다. 이제 직장인에게는 AI 전문가 수준까지는 아니더라도 점점 높은 수준의 데이터 활용 역량이 요구될 것이다. SQL[25]을 활용하여 사내의 데이터를 추출하여 분석하거나 엑셀이나 파이썬, R 등을 활용하여 데이터를 가공하는 능력이 대표적이라 할 수 있다.

하지만 데이터 활용 역량에서 가장 중요한 것은 단순히 이런 도구

---

25 Structured Query Language. 데이터베이스에 접근할 수 있는 데이터베이스 하부 언어

들을 활용하는 것이 아니다. 데이터 그 자체로는 문제 해결에 아무런 도움이 되지 않기 때문이다. 그 데이터에 숨어 있는 의미와 메시지를 발견하는 것이 훨씬 중요하다. 이러한 점을 감안해 데이터를 활용한 문제 해결 역량의 세부적인 내용과 수준을 다음과 같이 구분해보았다. 표를 보고 자신의 수준을 체크해보자.

● 데이터를 활용한 문제 해결 역량 수준

역량 수준	구체적인 역량 수준
높은 수준	• 엑셀 이외의 데이터 분석 도구인 R이나 파이썬 등을 전문가 수준까지는 아니더라도 업무에 필요한 수준까지는 활용할 수 있다. • 각종 도구를 활용하여 데이터를 분석할 수 있을 뿐만 아니라 데이터에 숨겨져 의미까지 찾아낼 수 있는 통찰력이 있다. • 데이터 분석은 물론 데이터를 활용한 문제 해결, 데이터에 기반한 의사결정까지 가능한 역량과 경험을 보유하고 있다.
보통 수준	• 엑셀 외의 데이터 분석 도구 중 하나를 업무에 필요한 수준까지 활용할 수 있다. • 목적에 맞는 데이터를 수집할 수 있으며, 데이터 중에서 정상 수준을 벗어나 있는 아웃라이어를 제거할 수 있는 전처리 능력을 보유하고 있다. • 데이터 분석에 필요한 기본적인 통계 지식(표준편차, 분산, 정규분포 등에 대한 이해)을 보유하고 있다.
낮은 수준	• 데이터 분석은 오로지 엑셀로만 가능하다. • 엑셀 등을 활용하여 데이터를 시각화하는 건 가능하지만 그 데이터가 말하는 핵심 메시지나 시사점을 찾아 해결책을 제시하는 데에는 어려움을 느낀다.

자영업자에게 요구되는 디지털 역량

직장인에게는 주로 협업과 데이터 분석 역량이 요구되는 반면, 자영업자에게는 '디지털 콘텐츠의 기획 및 제작' 역량과 '디지털 마케팅' 역량이 요구된다. 사실 모든 디지털 역량은 직장인과 자영업자 전부에게 필요하지만 디지털 콘텐츠와 마케팅 역량은 자영업자에게 훨씬 절실하게 요구되는 역량이다.

하지만 직장인이라고 해서 이들 역량을 간과해서는 안 된다. 앞서도 말했지만 직장 생활이 영원하지는 않다. 40대 후반이면 조직을 떠나야 하는 게 현실이므로 직장인이라도 다음에 소개하는 디지털 콘텐츠 관련 역량과 디지털 마케팅 역량을 간과해서는 안 된다.

우선 디지털 콘텐츠를 기획하고 제작하는 역량은 자신의 사업을

● **디지털 콘텐츠 기획 및 제작 역량 수준**

역량 수준	구체적인 역량 수준
높은 수준	• 나에게 필요한 디지털 콘텐츠를 직접 기획하고 제작할 수 있는 역량을 보유하고 있다. • 플랫폼별 적합한 콘텐츠가 무엇이며 그에 적합한 콘텐츠를 제작할 수 있다. • 기획에서 촬영, 편집까지 능숙하게 해낼 수 있다.
보통 수준	• 플랫폼별 적합한 콘텐츠, 나의 사업 아이템에 적합한 아이템을 기획할 수는 있지만 제작에는 어려움을 느낀다. 혹은 제작은 가능하지만 콘텐츠 기획 역량이 부족하다. • 블로그나 SNS 등은 꾸준히 관리해왔으나, 유튜브나 틱톡 등 영상을 활용한 플랫폼은 사용해본 적이 없다.
낮은 수준	• 디지털 콘텐츠에 대한 이해가 부족하거나 경험이 거의 없다. • 디지털 콘텐츠가 필요하다는 필요성은 인식하고 있지만 무엇을 어떻게 해야 하는지 감이 잡히지 않는다.

홍보하기 위해 가장 필요한 역량이다. 블로그와 SNS 홍보, 스마트 스토어 입점, 유튜브 채널 운영을 통한 개인 브랜딩 등 광범위하게 요구된다. 콘텐츠의 형태도 플랫폼에 따라 다양해지는데, 최근에는 유튜브 덕분에 영상 콘텐츠에 대한 수요가 크다. 자영업에 필요한 디지털 콘텐츠 기획 및 제작 역량의 세부 내용과 수준을 표로 정리했다. 자신의 수준이 어디에 해당하는지 살펴보자.

자영업자에게 요구되는 두 번째 역량은 '디지털 마케팅' 역량이다. 넓은 의미에서 보면 앞에서 살펴본 디지털 콘텐츠 관련 역량도 디지털 마케팅에 포함된다고 할 수 있지만, 여기에서는 디지털 마케팅의 범위를 분리해서 살펴보기로 한다. 디지털 마케팅은 유입된 고객 데이터를

● **디지털 마케팅 역량 수준**

역량 수준	구체적인 역량 수준
높은 수준	• SNS 또는 유튜브 마케팅을 본인이 직접 집행할 수 있다. 이때 내 사업에 맞는 고객을 직접 선정하여 타게팅할 수 있다. • 구글 애널리틱스 등을 활용하여 유입되는 고객을 분석하거나 마케팅의 효과를 직접 분석할 수 있다.
보통 수준	• 직접 디지털 마케팅을 진행하기에는 부담이 있어서 대행사에 맡기는 경우가 대부분이다. • 블로그, 유튜브, SNS 등을 활용하여 직접 광고를 집행하지만 그 효과가 크지는 않다.
낮은 수준	• 아직 온라인 마케팅을 해야할 필요성을 느끼지 못하고 있다. • 온라인 마케팅을 진행해야 할 필요는 느끼지만 무엇을 어떻게 해야 하는지 잘 모른다.

통해 고객의 니즈를 정확하게 파악하여 적절한 행동을 취하는 역량이므로 콘텐츠 관련 역량과는 구별될 필요가 있다. 디지털 마케팅과 관련된 역량의 세부 내용과 수준은 다음과 같다. 표를 보고 자신의 수준이 어느 정도인지 살펴보자.

4

"마흔, 더욱 품격 있게 살려면 무얼 해야 할까?"

품격을 넓히는
5 Re-솔루션

다섯 품격을 바로 세우면 마흔의 인생에도
반짝이는 기회와 가능성이 넘친다.
앞으로의 인생에 오래가는 경쟁력을 심어줄
5개의 Re-솔루션을 소개한다.

40대,
품격을 다시 세울 시간

많은 전문가들은 코로나19 이후 대전환의 시기가 도래했으므로 삶을 '리셋'하라고 주문한다. 하지만 환경이 변했다고 해서 한순간에 내가 변할 수는 없는 법이다. 게다가 40 평생을 살아왔는데 다시 처음부터 시작하라는 것은 어불성설이다.

그래서 나는 끊임없이 나 자신을 돌아보고 무너진 부분을 보완하는 등의 리모델링 또는 리빌드 과정을 거쳐야 한다고 생각한다. 사람마다 이미 지어둔 자신만의 집이 있다. 서로 모양은 달라도 집은 집이다. 40대부터는 이 집을 더 명확한 컨셉에 맞춰, 더 단단하게, 더 오래가는 집으로 재건축해야 한다.

40대의 리빌드 능력은 2030 세대의 리셋 능력과 비교된다. 청년들이 세상에서 재료를 찾고, 머리에 지식을 넣어 집 설계도를 그려나갈 때 40대는 이미 지어진 집에서의 생활을 반추한다. 그 과정을 통해 40대의 원숙한 매력이 빛을 발하게 된다. 추억과 손때가 묻은 집에는 분명 그만의 특별한 능력과 품격이 존재하기 때문이다. 물론 50대 이상의 세대도 그

시기에 해야 하는 리빌드 과정이 있다. 그러나 40대에는 조금 더 시간을 들여서, 더 명확한 컨셉으로 리빌드가 가능하다는 점에서 차이가 있다.

40대에 품격 있는 삶을 위해서는 인생을 다시 세워나가는 리빌드의 과정이 반드시 필요하다. 4부에서는 40대의 인생 품격을 높이기 위한 다섯 가지의 Re-솔루션을 제시한다. 과거로 돌아가서 인생을 되돌릴 수는 없지만, 오늘부터의 시간을 인생을 다시 세우는 데 쓴다면 굳이 과거로 돌아갈 필요가 없다. 지금 이 시간이 인생 리빌드를 위한 골든 타임이라는 사실을 잊지 말자!

리브랜딩
Re-Branding

40대가 리브랜딩을 해야 하는 이유

20년 이상 행사 진행자와 방송인으로 활동하던 L씨는 40대로 접어들면서 점점 불안해졌다. 자기보다 젊은 진행자들이 자신의 자리를 대체해가고 있음을 느꼈기 때문이다. 그런 상황에서 코로나19라는 직격탄을 맞았다. 주된 수입원이던 행사 진행이 뚝 끊겼다. 뭔가 새로운 길을 찾지 않으면 막노동이라도 해야 하는 지경에 이르렀다.

그러다 우연히 라이브 커머스 진행자로 섭외되었다. TV에서만 볼 수 있는 기존의 홈쇼핑과는 달리, 모바일로 중계되는 라이브 커머스는 분명 새로운 시장이었다. 그는 눈이 번쩍 뜨였다. 이런 기회를 놓칠 수가 없었다. 하지만 라이브 커머스가 이제 막 시작되었음에도 불구하고 이미 수많은 지원자들이 몰려들고 있었다. 코로나19로 인해 일자리를 잃은 진행자들은 물론이고, 기존의 인기 쇼호스트까지 모두 이 시장에 뛰어들고 있었다.

L씨는 라이브 커머스 진행자로 섭외되기 위해서 자신을 다시 브랜딩해야 했다. 기존의 경력 중에서 쇼호스트 또는 판매와 관련된 경력만 따로 모아 프로필을 새로 제작했다. 다행히 20년이 넘는 경력이 있었기에 필요한 경력만 골라서 활용할 수 있었다. 하지만 이걸로는 부족하다고 생각해 SNS에서도 활발하게 자신을 알려나가기 시작했다.

한편, 국내 한 대기업에서 근무하는 S씨의 원래 꿈은 콘텐츠 제작자였다. 2000년대 후반 대학을 졸업하고 일반 회사에 입사했지만, 콘텐츠 제작에 대한 미련을 버리지 못해 당시 창업한 지 얼마 되지 않은 케이블 방송국으로 이직했다. 하지만 그곳에서의 현실은 만만치 않았고, 결국 안정적인 생활을 위해 일반 관리직으로 일할 수 있는 곳으로 떠났다.

이후 몇 군데를 거쳐 현재의 대기업에 안착하면서 S씨는 안정적인 생활을 누리는 듯 보였다. 하지만 공채 출신이 아닌 상황에서 성장의 한계는 분명했다. 거듭되는 조직 통폐합으로 업무도 바뀌기 일쑤였다. 이제 그는 갈림길에 서 있음을 직감했다. 지금처럼 일할 수 있는 다른 회사를 찾을 것인지, 아니면 새로운 도전을 할 것인지.

S씨는 잊고 살았던 과거의 꿈을 생각했지만 이미 그 꿈으로부터는 너무 멀어져 있었다. 그 순간 자신이 콘텐츠 제작에서는 멀어졌을지 몰라도 콘텐츠 편성과 기획에 필요한 경험을 이전 회사들을 통해 쌓았다는 걸 깨달았다. S씨는 최근 한국에 대한 투자를 늘리고 있는

넷플릭스 등의 OTT 기업에 도전하기로 했다. 현재 그는 OTT 기업 입사를 위해 자신을 '기획 전문가'로 리브랜딩하며 새로운 기회를 노리고 있다.

L씨와 S씨는 40대에 접어들며 새로운 도전을 선택했고, 이를 위해 자신을 다시 브랜딩했다.

40대가 되면 슬슬 업계에 이름이 알려지기 시작한다. 이직이든 창업이든 자신의 이름을 얼마나 알리느냐에 따라 성패가 갈린다. 하지만 경력이나 전문성은 잘 드러나지도 않고 제대로 알릴 수 있는 방법도 없다. 갈수록 치열해지는 세상 속에서, 어떻게 해야 보다 효과적으로 나를 알릴 수 있을까?

태양을 생각해보면 답이 쉽게 나온다. 아무리 태양이 강렬해도 종이 한 장을 뚫을 수 없다. 그러나 돋보기를 이용해 햇빛을 한 점으로 모으는 순간 종이는 타기 시작한다. 이처럼 자신의 경력과 성과 등을 한 점으로 응축시켜 표현할 수 있어야 비로소 타인의 인식을 뚫을 수 있다. '잊히는 사람'에서 '기억되는 사람'으로 변하는 것이다. 이렇게 타인에게 자신을 인식시켜 나가는 과정이 개인 브랜딩이라 할 수 있다.

개인 브랜딩에 있어서 가장 중요한 것은 '응축'인데, 이는 나만의 브랜드 컨셉을 발견하는 일이다. 컨셉[26]이란 '스스로에게 부여하는 의미'라고 할 수 있다. 내가 무엇을 하는 사람인지 한 줄로 요약하는 일

---

26 표준 표기법은 '콘셉트'가 올바르다. 다만, 현장에서 주로 쓰는 표현 그대로 살리기 위해 이 책에서는 '컨셉'이라고 표현한다.

이기도 하다. 국내 마케팅의 구루인 홍성태 교수는 '컨셉은 비즈니스의 정신적 나침반이다'라고 말한다. 이 말을 개인 브랜딩에 대입한다면, 컨셉은 경력의 나침반이라 할 수 있을 것이다. 그런 의미에서 컨셉이 없다는 것은 경력의 방향성이 없다는 말과 같다.

그렇다면 나만의 브랜드 컨셉은 어떻게 표현할 수 있을까? 국내 최대 규모의 프랜차이즈 사업가인 백종원 씨는 스스로를 '요리 연구가'로 소개하고 있다. 요리 연구가 백종원이 그의 브랜드 컨셉인 것이다. 그는 이 컨셉에 맞게 수많은 사람에게 요리 솔루션을 알려주고 식당 운영을 코칭해주고 있다.

나는 직장인이자, 마케터이고, 작가이지만, 스스로를 '직장인의 생존 전략을 제시하는 사람'으로 인식하고 있다. 이것이 나의 브랜드 컨셉이며 이 책 역시 나의 브랜드 컨셉에 맞게 쓰고 있다.

안타깝게도 대부분의 40대는 이러한 개인 브랜딩이 전혀 되어 있지 않다. 단순히 ○○기업의 부장 또는 차장 등으로 자신을 인식하고 있는 경우가 압도적으로 많다. 그러다 희망퇴직이나 이직, 창업 등 중대한 기로에 섰을 때야 비로소 자기 자신에게 묻는다. '도대체 나는 지금까지 뭘 한 거지?'

자신이 누구인지, 무엇을 하는 사람인지 스스로도 묻지 않았고 아무도 가르쳐주지도 않은 것이다. 나도 내가 누군지 모르는데, 남이 나를 어떻게 알겠는가? 하지만 개인 브랜딩을 하고 나면 자신이 누구인지, 무엇을 할 수 있는 사람인지 명확하게 답변할 수 있을 뿐만 아니라 효과적으로 알릴 수도 있다.

다시 L씨와 S씨의 이야기로 돌아가보자. 두 사람은 마흔이 넘어 자신을 새롭게 리브랜딩했다. L씨는 '20년 차 진행자'에서 '라이브 커머스 진행자'로 브랜드 컨셉을 변경했으며, S씨 역시 자신을 '대기업에서 근무하는 매니저'에서 '콘텐츠 기획 및 편성 전문가'로 새롭게 브랜딩했다.

그럼 리브랜딩은 이들처럼 경력 전환을 시도하는 경우에만 필요한 것일까? 결코 그렇지 않다. 40대가 될 때까지 자신이 무엇을 하는 사람인지 깊이 생각해보지 않았다면 지금이 바로 당신을 리브랜딩할 시점이다. 설령 자신의 브랜드에 대한 인식이 있다고 하더라도 변화된 시대에 맞게 고급스럽고 세련된 브랜드로 거듭날 필요가 있다.

'나이가 마흔이 넘었는데, 리브랜딩하는 건 늦지 않았을까?'라는 생각이 들 수도 있다. 하지만 40대는 리브랜딩을 위한 재료가 2030 세대보다 훨씬 많다. 또한 브랜딩이라는 개념 자체가 생소한 5060 세대에 비해 40대는 훨씬 깨어 있다고 할 수 있으므로 역시 유리하다.

리브랜딩은 삶의 방향을 정하는 일이므로 빠르면 빠를수록 좋다. 하지만 자신이 무엇을 할 수 있는 사람인지 도무지 알 수 없다면, 그때가 바로 개인 브랜딩에 대한 고민이 시작되는 순간이다. 잊히는 사람이 될 것인지, 언제나 매력적으로 눈길을 끄는 사람이 될 것인지는 리브랜딩에 달렸다.

리브랜딩을 위한 3단계 프로세스

리브랜딩, 머리로는 이해했지만 어떤 일부터 시작해야 할지 잘 모를 것이다. 우선 브랜딩의 3단계 과정을 이해해야 한다. 리브랜딩은 결국 이미 가진 재료를 선별하여 나만의 컨셉을 잡는 브랜딩 과정과 같기 때문이다. 다만, 좀 더 지난 시간 해온 일과 경험에 포커싱한다. 브랜딩의 과정은 '응축 → 표현 → 확장'의 3단계로 이루어진다.

1단계 응축 – 나만의 핵심 키워드와 컨셉 설정

응축이란 자신을 대표하는 한 단어를 찾거나 자신을 한 문장으로 요약하는 것을 말한다. 응축이 브랜딩의 핵심이라 할 수 있다. 내가 마케팅을 하면서 뼈저리게 느낀 건 한마디로 표현할 수 없는 서비스나 제품은 잘 팔리지 않는다는 사실이다. 사람들은 한 줄 또는 한 단어로 요약될 정도로 컨셉이 명확한 것들만 인식하기 때문이다.

퍼스널 브랜딩 전문가 조연심 대표 역시 자기다움을 담은 원샷One Shot 메시지의 중요성을 강조한다. 그녀는 《퍼스널 브랜딩에도 공식이 있다》[27]에서 자기 문장을 가진 사람은 자신이 어디 있는지, 앞으로 어디를 향해 가야 하는지를 알고 있기에 마치 도미노 게임의 첫 번째 도미노를 넘어뜨린 것처럼 시간이 지날수록 강한 힘을 얻는다고 했다.

---

27 조연심 저, 힘찬북, 2020.5.1.

자기 문장을 가진다는 건 어떤 걸 말하는 걸까? 멋있게 포장하려고 하지 말고 자신이 하고 있는 일, 하고 싶은 일, 또는 고객에게 제공하고 싶은 가치를 나타내면 된다. 국내 최초의 정리 컨설턴트로 유명한 윤선현 대표는 자신이 운영하는 회사 홈페이지에 '정리를 통해 여러분의 행복과 성공을 돕겠다'고 약속한다. 이처럼 한 문장으로 된 명확하지만 강력한 컨셉은 비즈니스의 방향을 제시하는 것과 같다.

여기서 우리가 눈여겨봐야 할 것은 '정리'라는 키워드이다. 나만의 컨셉을 설정한다는 것은 곧 나만의 키워드를 설정한다는 것과 같다. 네이버나 구글에서 내가 어떤 키워드로 검색되느냐에 따라 나라는 사람이 정의될 수 있다. 예를 들어 미투 Me Too 운동이 한창일 무렵 문화예술계의 거장이 성추행 혐의로 인해 구속된 적이 있었다. 그는 오랜 시간 연극계의 거장으로 군림했지만, 이제는 미투 운동을 촉발한 가해자로만 연관 검색되고 있을 뿐이다. 결국 그는 사람들의 기억 속에서 추악한 가해자로만 남을 가능성이 크다. 이처럼 키워드는 그 사람에 대한 사람들의 인식을 정의 내릴 수 있는 힘을 가지고 있다.

이와는 반대로 인물 자체가 특정 키워드를 대표하는 경우도 있다. '경영학'이라는 키워드를 생각하면 피터 드러커 Peter Drucker가 제일 먼저 떠오르며, '요리' 또는 '외식업'이라는 키워드를 생각하면 백종원이 떠오르는 것과 같다. 외국에서는 '살림'이라는 단어를 생각하면 마사 스튜어트 Martha Stewart를 떠올리는데 이 역시 키워드를 대표하는 사례다.

그러므로 나만의 키워드를 설정한다는 일은 내가 어떤 사람인지 스스로 결정하는 것과 같은 일이며, 앞으로 나아가야 할 방향을 설정하는 것과 같다. 내가 좋아하고 잘할 수 있는 핵심적인 일을 추려서 핵심 키워드를 설정하다 보면 자신의 컨셉이 보이기 시작한다. 그러므로 자신을 브랜딩하기 위해서는 자신의 핵심 역량으로부터 도출된 키워드를 설정한 뒤 컨셉을 설정하는 것이 훨씬 효과적이다. 즉, 브랜딩에서 응축이란 '키워드의 설정과 조합'인 것이다.

불행하게도 대부분의 사람들은 자신을 대표할 키워드가 무엇인지 모르고 있다. 이 말은 결국 자신이 무엇을 하는 사람인지 어떤 방향으로 가고 있는지 명확하게 파악하고 있지 않다는 말과 같다. 이제 무엇을 하든지 검색되는 자만이 살아남을 수 있다. 디지털 시대에는 자기가 어떤 키워드로 검색될지 스스로 결정하지 않으면, 검색도 되지 않는 미약한 존재감으로 살아가거나 남이 정해주는 키워드로만 남아야 한다.

그럼 지금부터 40대가 리브랜딩하는 출발점으로서, 내 삶을 응축시켜 표현하는 핵심 키워드를 발견하고 설정하는 과정을 살펴보도록 하자. 다음 소개하는 도구는 '브랜드 휠Brand Wheel'로, 보다 효율적으로 자기만의 핵심 키워드를 발견하거나 설정할 수 있게 돕는다.

브랜드 휠에서 보는 바와 같이 '지금까지 내가 해왔던 일들', '지금까지 내가 성취한 일들', '앞으로 가장 하고 싶은 일들' 그리고 이렇게 세 가지의 카테고리를 설정한 다음 각 카테고리별로 대표적인 키워드들을 정리해본다. 이들 카테고리는 각각 과거와 현재, 그리고 미래의 자기 모습과 함께 자신이 가장 잘하는 분야를 대표한다.

● 나의 핵심 키워드를 설정할 수 있게 도와주는 브랜드 휠 예시

먼저 브랜드 휠의 가장 바깥부터 각 카테고리별로 생각나는 대로 자유롭게 적는다. 그다음, 원의 중심으로 갈수록 비슷한 내용들을 하나로 묶거나 더 중요한 것들만 남긴 채 삭제해나가는 방식으로 키워드들을 응축해나간다.

원의 가장자리에서 중심까지 이르게 되면 자연스럽게 가장 소중하게 생각하거나 자신을 대표하는 하나의 키워드만 남게 되는데, 이것이 바로 핵심 키워드다. 자신이 나가야 할 방향을 모르거나 자신이 가장 소중하게 생각하는 것이 무엇인지 헷갈리는 사람은 브랜드 휠을 작성해보는 것이 가장 효과적인 방법이다. 물론 단 한 번의 시도만으로 자신의 핵심 키워드를 찾을 수 있는 것은 아니다. 여러 번 반복하다 보면 자연스럽게 자신의 핵심 키워드가 무엇인지 찾게 된다.

앞선 예시는 내가 과거에 작성한 내용이다. '지금까지 내가 해왔던 일들'의 경우 HR 관련 대학원을 다닌 사실, 회사 내에서 사내 컨설턴트로 일한 사실을 묶어서 '사람'이라는 공통 요소를 도출했다. 모두 사람에 대한 관심으로 시작했거나 사람을 효과적으로 관리하는 일이었기 때문이다. 또한 노사 관계 업무를 수행한 것과 공공기관과 소통하는 업무인 대관 업무를 담당한 것은 '관계'라는 키워드로 묶어보았다. 두 가지 업무 모두 관계 형성이 중요한 요소였기 때문이다. 이렇게 도출된 사람과 관계라는 키워드를 종합하여 '커뮤니케이션 전문가'라는 키워드로 통합했다. 결국 내가 지금까지 해온 일들을 종합하면 '커뮤니케이션 전문가'로 요약할 수 있는 것이다.

'지금까지 내가 성취한 일들'과 '앞으로 가장 하고 싶은 일들'의 경우에도 같은 과정을 거쳐 각 영역의 핵심 키워드를 도출할 수 있었다. 세 가지 영역 모두를 종합해본 결과 나는 '커뮤니케이션 분야의 콘텐츠를 제공하는 작가와 강사'라는 방향을 설정할 수 있었다. 몇 년 전 회사를 그만두고 어떤 일을 해야 하는지 몰라 방황하고 있을 무렵 이런 과정은 앞으로 어떤 일을 해야 하는지 결정하는 데 많은 도움이 되었다. 당신도 지금 바로 이 작업을 직접 해보면 나아가야 할 방향을 발견할 수 있을 뿐만 아니라 자신을 대표할 키워드도 찾을 수 있다.

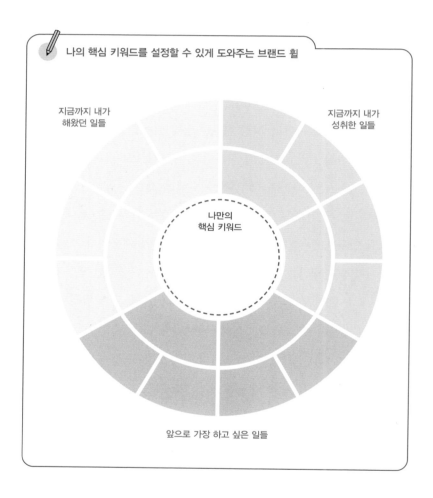

나의 핵심 키워드를 설정할 수 있게 도와주는 브랜드 휠

지금까지 내가
해왔던 일들

지금까지 내가
성취한 일들

나만의
핵심 키워드

앞으로 가장 하고 싶은 일들

2단계 표현 – 다양한 플랫폼에서 일관성 있게 나를 표현하기

핵심 키워드를 설정한 것만으로는 브랜딩이 되지 않는다. 지금까지 발견한, 또는 설정한 핵심 키워드를 통해 온라인상으로 끊임없이 자신을 표현해야 한다. 앞서도 말했지만 디지털 시대에는 검색되지 않으면 존재감이 없는 것이나 마찬가지다.

네이버와 구글 등의 검색 엔진, 페이스북 등의 SNS, 그리고 유튜브 같은 플랫폼들은 모두 각자의 검색 추천 알고리즘을 가지고 있다. 이는 특정한 키워드를 검색했을 때 어떤 결과를 상위로 노출할 것인지 결정하는 알고리즘이 플랫폼마다 조금씩 다르다는 의미이다. 하지만 모든 플랫폼이 공통으로 가지고 있는 특성은 특정한 주제로 내실 있게 작성되고, 꾸준히 업로드되는 콘텐츠를 상위에 노출시킨다는 점이다.

그러므로 핵심 키워드를 설정한 다음에는 이를 바탕으로 꾸준히 일관된 주제 또는 컨셉으로 콘텐츠를 작성해나가야 한다. 그래야 검색에서 우위를 차지할 수 있다. 이를 위해서 먼저 콘텐츠를 제작할 베이스캠프라고 할 수 있는 '콘텐츠 허브Contents Hub'를 구축해야 하다.

그런데 자기만의 콘텐츠를 하나씩 채워나가는 과정은 결코 만만치 않다. 우선 어떤 내용을 채워 넣어야 하는지가 가장 큰 부담으로 다가온다. 이런 문제를 해결하기 위해서는 각각의 플랫폼의 특성도 잘 파악해야 하며 키워드를 체계적으로 활용할 수 있어야 한다.[28]

---

28 이에 대한 구체적인 방법은 203쪽 '리폼(Re-Form)'에서 자세히 살펴보도록 한다.

3단계 브랜드 확장 – 콘텐츠와 영향력 확장하기

핵심 키워드와 컨셉을 설정한 다음 이를 바탕으로 꾸준히 콘텐츠를 작성해나가다 보면 자연스럽게 영향력이 확장된다. 예를 들어 블로그에 꾸준히 강연 활동을 올리는 강사, 자신의 활동 모습을 꾸준히 SNS에 올리는 진행자 등은 이런 활동을 하지 않는 사람보다 훨씬 많은 러브콜을 받는다. 그 덕분에 더 많은 활동을 할 수 있게 되고 더 많은 콘텐츠를 생산할 수 있는 선순환이 이뤄진다.

하지만 한 가지 컨셉만으로는 한계에 봉착할 수밖에 없다. 이른바 자기복제 단계에 들어가게 되는 것이다. 이때는 자연스럽게 콘텐츠의 확장을 시도하는 것이 좋다. 앞서 소개한 윤선현 대표의 경우 처음에는 집이나 사무실을 정리하는 방법을 소개했지만, 시간이 지날수록 재테크나 인간관계 정리 방법까지 소개하는 등 콘텐츠 확장을 시도했다.

이 외에도 어느 정도의 인지도가 쌓이면 이를 바탕으로 방향 전환을 의미하는 '피보팅 Pivoting'을 시도해야 한다. 표창원 전 국회의원이 좋은 사례라고 할 수 있다. 그는 프로파일러로 사람들에게 이름을 알렸으며, 프로파일러로 쌓은 인지도와 날카로우면서도 정의로운 이미지를 바탕으로 정계에도 진출할 수 있었다. 이제는 정치계를 떠나 방송인으로 활약하고 있어 성공적으로 피보팅했다고 할 수 있다.

품격 있는 사람의 자기탐구 결정체
나만의 브랜드 스토리

왠지 끌리는 브랜드에는 독특한 브랜드 스토리가 있다. 사람도 마찬가지다. 자기만의 스토리가 있는 사람이 더 많은 주목을 받을 뿐만 아니라 신뢰도 얻을 수 있다. 개인 브랜딩에서도 반드시 나만의 브랜드 스토리를 구성해야 한다. 나만의 브랜드 스토리는 이직을 위한 자소서를 쓸 때 매우 유용하게 쓰일 수 있다. 뿐만 아니라 회사를 떠나 창업을 할 때도 요긴하다.

브랜드 전문가이자 브랜드 전문 스타트업인 '더워터멜론'의 공동 창업자인 우승우, 차상우 대표가 쓴 《창업가의 브랜딩》[29]에는 창업가 개인의 스토리가 얼마나 중요한지 잘 나타나 있다. 두 대표는 아무것도 가진 게 없는 초기의 스타트업이 회사를 가장 빠르게 알릴 수 있는 방법이 바로 창업가의 스토리를 활용하는 것이라 말하며, 그 대표적인 사례로 '야놀자'의 이수진 대표를 꼽았다. 사용자의 위치 정보를 바탕으로 모텔을 추

---

29 우승우·차상우 저, 북스톤, 2017.12.7.

천해주는 플랫폼인 야놀자는 이수진 대표의 삶에서 그대로 튀어나온 듯한 느낌마저 준다. 가정 형편이 어려웠던 이수진 대표는 모텔에서 먹고 자며 온갖 아르바이트를 했다. 그러다 자투리 시간에 모텔 관련 카페를 개설한 것으로 사업을 시작했고, 2005년 '모텔투어'라는 인터넷 카페를 인수하며 야놀자를 본격적으로 시작했다. 모텔이라는 키워드와 이수진 대표의 삶이 상당 부분 일치된다는 사실은 야놀자를 알리는 데 큰 도움이 되었다.

그렇다면 나만의 브랜드 스토리를 구성하기 위해서 무조건 이수진 대표와 같은 '드라마틱한' 스토리가 있어야 하는 걸까? 당연히 아니다. 그저 하루하루를 성실히 살아온 평범한 사람이라도 충분히 자기만의 브랜드 스토리를 만들 수 있다. 브랜드 스토리의 목표는 고객에게 '감동'을 주는 게 아니라 '신뢰'를 주는 것이다. 따라서 일정한 공식을 따라 작성하면 누구나 쉽게 자기만의 브랜드 스토리를 구성할 수 있다.

브랜드 스토리의 가장 좋은 예는 바로 단행본 책을 폈을 때 책의 좌측 날개에 있는 '저자 소개'라 할 수 있다. 독자들은 책의 저자 소개를 보면서 과연 이 사람이 누구이며, 이 책을 쓸 만한 자격과 경험을 가지고 있는지 판단한다. 저자 소개는 저자에 대한 핵심 정보를 담아야 하면서도 분량이 길어서는 안 된다. 나아가 독자의 흥미까지 유발해야 한다. 그래서 저자 소개 형식으로 브랜드 스토리를 간략히 정리해두면 언제 어디에서건 유용하게 사용할 수 있다.

다음은 내가 몇 년 전 출간한 책에 실린 나의 저자 소개다. 이때 저자 소개를 쓰기 위해 수많은 책을 참고하면서 저자 소개에는 세 가지 핵심 내용이 있다는 사실을 발견했다.

● 저자 소개의 세 가지 핵심

소개 내용	소개의 핵심
외국계 자동차 회사에서 노사 관계와 인사 업무를 담당했으며, 현재는 개인과 조직의 성장을 돕는 콘텐츠 연구소 '사람과 사람 사이'의 대표를 맡고 있다.	1. 현재의 나는 무엇을 하는 사람인가 가장 중요한 정보이며 사람들이 가장 알고 싶어 하는 정보이므로 제일 앞에 배치한다. 주로 직업 또는 회사와 직책 등을 기재한다. 이 부분에는 매력적인 브랜드 네이밍이 들어가면 좋다.
강성으로 소문난 자동차 노동조합을 상대로 각종 협의를 진행하는 등 노사의 대립과 갈등을 협력으로 발전시켜 나갔던 경험과 인사담당자로서 조직 내 다양한 구성원들의 의견을 수렴하면서 얻게 된 조직 문화에 대한 통찰을 바탕으로 이 책을 집필했다.	2. 현재까지 나는 무엇을 해왔나 현재의 자신이 되기 위해 어떤 경력을 거쳐 왔는지를 적는다. 경력 25년 차의 요리사, 경력 5년 차 유튜버 등 이 책을 쓸 만한 식견이 있음을 알리는 부분이다.
2015년 직장인을 위한 관계 지침서인 《관계를 마시다》를 출간했으며, 기업과 기관을 대상으로 조직 문화와 팀워크 등의 강연을 펼치고 있다. KBS 2TV 〈회사 가기 싫어〉에 전문가 패널로 출연했으며, 조세금융신문에 조직 문화 칼럼을 연재하는 등 다양한 매체에 글을 기고하고 있다.[30]	3. 그 분야에서 내가 거둔 성과는 무엇인가 저자 소개에서는 주로 이번 책을 쓰기 전에 썼던 주요 작품을 소개한다. 작가가 아닌 일반 기업체에 근무하던 사람이라면 자신이 몸담아온 분야에서 거둔 주요 성과를 알린다. 이때 주요 성과는 말 그대로 '중요한' 성과여야 한다. 사람들이 잘 알 만한 내용을 적는 것이 좋다. 또한 자신이 설정한 컨셉에서 벗어나지 않는 성과를 기재한다.

30　김철영, 《직원존중 주식회사》, 미문사, 2018.9.18.

품격 있는 사람의 리브랜딩 결정체
나만의 브랜드 네이밍

강사 활동 초기, 강의 섭외를 위해 수많은 교육기관과 기업에 프로필을 뿌렸다. 그러던 어느 날 아주 특이한 분을 만났다. 명함을 받았는데 '비트코인 사기 예방 전문가'라고 되어 있었다. 당시 비트코인이 한창 관심을 받을 때라 비트코인에 대한 보이스피싱 등도 활개를 치고 있어 더욱 기억에 남았다. 그는 이 명함만 건네주면 제안서를 쓰지 않아도 강의가 섭외된다고 했다. 그때 나는 '브랜드 네이밍'이 얼마나 중요한지 깨달았다.

본문에서 개인 브랜딩에 있어서 브랜드 컨셉의 개념에 대해 살펴보았다. 그러면 브랜드 컨셉과 브랜드 네이밍의 차이는 뭘까? 나의 브랜드 컨셉이 '직장인의 생존을 위한 다양한 전략과 방법을 제시하는 사람'이라고 소개했는데, 브랜드 네이밍은 이를 좀 더 줄여서 표현하는 것이다. '직장인 생존 전략 전문가'가 나의 브랜드 네이밍이 되는 것이다.

이처럼 개인 브랜드에 있어서 네이밍이란 자신의 '직업'을 직관적으로 표현해준다. 브랜드 네이밍을 하고 나면 링크드인과 같은 구인구직 플랫폼에서 자신을 효과적으로 드러낼 수 있을 뿐만 아니라 이직을 위해 이력서를 작성할 때도 효과적이다. 창업에도 도움이 되는 것은 물론이다.

다음에 소개하는 세 가지 방법만 알면 누구나 쉽게 나만의 브랜드 네이밍을 가질 수 있다.

세상에서 가장 쉬운 브랜드 네이밍 작명법

나의 개인 브랜드를 위한 네이밍을 할 때는 세 가지만 기억하면 된다. 대표 키워드, 트렌디한 이름, 그리고 쉬운 발음. 이 세 가지만 기억한다면 누구나 기억할 수 있는 멋진 브랜드 네이밍이 가능하다.

우선 대표 키워드를 살펴보자. 브랜드 네이밍은 '대표 키워드+나의 직업'으로 구성된다. 예를 들면 '성과 관리 전문가', '빅데이터 분석 전문가', '슈트 이미지 컨설턴트'와 같이 앞부분에는 자신을 대표하는 키워드가 나오고 뒷부분에는 자신의 직업(전문가, 컨설턴트 등)이 나오는 형태가 일반적이다.

자신을 대표하는 키워드		자신의 직업 또는 직책	
3D프린터 설계SW		전문가	대표/회장
난독증 학습장애	음악	컨설턴트	제작자/개발자
홀로그램	3D프린팅		
프랜차이즈 전문	빅데이터 분석	칼럼니스트	지도사/코치/상담사
조직 문화	사회적기업		
HR데이터 분석	AI비즈니스	연구사/박사	조정사/코디
AI코딩	비즈니스 이미지	의사/치료사/변호사	기획자/작가
전직 지원	People Analytics		

두 번째는 트렌디한 이름인지 고려해야 한다. 스타벅스에서 일종의 '뻥튀기'를 팔던 적이 있었다. 그런데 이름을 뻥튀기라고 하기는 좀 그랬는지 '라이스칩'으로 바꿨다. 라이스칩을 만든 전대경 대표는 이름을 라이스칩으로 변경하고 난 후 3년 동안 100만 개의 판매고를 올렸다고 한다. 이 인기에 힘입어 라이스바, 리얼후루츠 등 연달아 상품을 출시할 수 있었다. 물론 브랜드 네이밍을 꼭 영어로 해야 하는 건 아니다. 기왕 하는 거 세련된 표현 방법을 찾아야 한다는 말이다. 예를 들어 과거에는 반려견을 훈련시키는 사람을 '사육사' 또는 '훈련사'로 불렀지만, 강형욱의 등장 후 '반려견 행동 전문가'라는 훨씬 고급스러우며 전문적인 느낌이 나는 이름이 나왔다.

세 번째는 쉬운 발음이다. 발음이 쉽고 자연스러워야 한다. '파열음'과 '파열음'이 만나는 건 피해야 한다. 파열음이란 'ㅋ, ㅌ, ㅊ, ㅍ' 등 발음할 때 침이 튀기 쉬운 소리다. 예를 들어 '퍼스널 브랜딩 컨설턴트'와 같이 파열음으로 시작하는 네이밍은 피하는 것이 좋다.

그리고 무슨 뜻인지 잘 모르는 외국어를 조합하는 것도 피해야 한다. '아웃도어 인스트럭터'와 같이 무슨 활동을 하는지 짐작하기 어려운 외국어 이름은 피한다.

보다 색다르게 표현할 수는 없을까?

몇 년 전, 25년 동안 제약 영업을 한 Y부장을 위해 개인 브랜딩 상담을 해준 적이 있었다. 억대 연봉을 받는 최고의 실적을 자랑하는 분이었지만 가슴 한편에는 언젠가 강사가 되겠다는 열망이 있었다. 그런데 생각보다 중요한 문제가 있었다. 우리나라에서는 영업에 대한 인식이 좋지 않다는 것. 그는 '영업 전문가'라는 이름으로 활동을 하면 사람들이 자신을 낮게 바라본다고 했다. 그래서 영업 전문가라는 표현 말고 다른 브랜드 네이밍이 가능한지 문의한 것이다. 나는 밤늦게까지 Y부장의 경험담을 듣다가 그의 한마디가 가슴에 와닿았다.

"영업은 고객의 마음을 움직이는 일 같아요."

그 말을 듣는 순간 나는 '고객 심리 전문가'라는 네이밍을 제안했다. 그는 자신이 추구해온 영업 철학과 딱 맞아떨어진다면서 아주 만족스러워했다. 이처럼 자신을 나타내는 브랜드 네이밍을 조금 색다르게 표현하면 기존에 사람들이 가지고 있는 안 좋은 인식에서 벗어날 수 있고, 더욱 긍정적인 브랜딩이 가능하다. Y부장의 경우처럼 자신의 에피소드를 통해서 관련 단어들을 추출하는 것도 좋은 방법이며, 그 외에 다양한 방법을 활용할 수 있다.

가장 효과적인 방법은 자신의 전문 분야를 세분화해보는 것이다. 브랜드 네이밍을 할 때 대부분 자신을 대표하는 전문 분야의 범위를 두루뭉술하게 잡는 경우가 많다. 예를 들면 '미술 전문가'처럼 범위가 너무 크고 별다른 임팩트도 남기기 어려운 경우다. 하지만 좀 더 세분화하여 '색채 심리 전문가'라고 표현하면 훨씬 강한 인상을 남길 수 있다.

리커버
Re-cover

건강 회복을 위한 데일리 루틴

얼마 전, 친구가 아내와 두 자녀를 남긴 채 세상을 떠났다는 소식을 들었다. 그 소식을 듣고 한참 동안 일이 손에 잡히지 않을 정도로 가슴이 먹먹했다. 친구가 죽었다는 사실 자체도 받아들이기 힘들었지만, 나 역시 얼마 전 죽을 고비를 넘긴 적이 있었기에 친구의 죽음이 더욱 남의 일처럼 느껴지지 않았다.

몇 달 전 나는 패혈증으로 큰 위기를 겪었다. 발등에 작은 상처가 났는데 누군가 칼로 내 발등을 찌르는 듯한 통증을 느꼈다. 거기다 며칠 동안 몸살감기 기운이 있더니 급기야 열이 40도까지 오르고 오한이 들어 온몸이 벌벌 떨렸다. 다행히 열도 내리고 통증도 사라졌지만, 의사는 내 목숨이 위태로울 뻔했다고 말했다. 그 순간 이렇게 허무하게, 작은 상처 하나로도 세상을 떠날 수 있다는 걸 깨달았다.

이후 무너진 면역력을 회복하기 위해 운동을 시작했다. 하지만 쉽지 않았다. 직장 생활과 책 쓰기를 병행해야 했기에 시간을 내 운동한다는 건 불가능했다. 상당한 돈을 들여 각종 프로그램도 신청해보고 피트니스 센터도 다녀보았다. 그래도 건강 회복은 영 신통치 않았다. 몇 년 전 허리디스크가 터진 적이 있어 트레이너들이 권하는 운동을 다 소화해낼 수가 없었다. 조금만 무리를 하면 허리 통증이 재발되곤 했다. 거기다 어깨에는 물혹이 생겨 더욱 힘을 쓸 수 없었다. 무엇보다 내 의지가 받쳐주질 않았다. 나는 각종 약속과 일을 핑계로 점점 운동을 미루고만 있었다.

그렇게 변명으로 가득한 날들을 보내다 의사로부터 '살고 싶으면 운동을 하라'는 최후통첩을 받았다. 그제야 나는 제대로 된 운동을 해보고자 결심했다. 원래 운동을 싫어하는 체질은 아니었다. 군에서는 태권도 조교로 활동했고 유격 조교로도 선발될 만큼 날렵함을 자랑했었다. 제대 후에는 친구와 자전거로 전국 일주를 할 정도로 체력에도 자신이 있었다. 그랬던 내가 어쩌다가 이 지경에까지 이르렀을까.

나는 여러 날을 고민하다가 나의 하루 패턴을 분석해보기로 했다. 더 이상 직장 생활과 집필 활동을 핑계로 운동을 멀리할 수만은 없었기에 원인을 꼭 찾아야만 했다. 우선 나의 생활 패턴은 대체적으로 다음과 같았다.

평범하기 짝이 없는 일상이지만 패턴을 기록해보니 문제점이 보였다. 안 그래도 대식가인데 점심시간과 저녁 식사 사이의 간격이 8시

● 나의 하루 패턴

기상	아침 6시 일어나 30분가량 그날 할 일정을 체크. 30분 정도 씻고 간단한 식사 후 출근.

⬇

출근	안암동 집에서 가락시장역에 있는 사무실까지 전철로 이동. 약 한 시간 10분 소요. 보통 멍하니 유튜브를 보거나 패스트캠퍼스 등에서 신청한 인터넷 강의를 들으며 출근. 출근 시간은 8시 30분까지.

⬇

오전 시간	머리가 가장 맑을 때라 제일 중요한 업무는 대부분 오전에 끝내려고 노력함. 특히 회사 방침상 8시 30분부터 10시까지는 업무 집중 시간이라 가급적 회의를 잡지 않고 중요한 일을 우선순위를 매겨 처리함.

⬇

점심시간	1시간 30분간의 비교적 여유 있는 식사 시간. 30분 식사, 30분 산책 후 간단히 집필을 하거나 수면을 취함.

⬇

오후 시간	집중력이 떨어지는 시간이라 혼자 하는 업무보다는 회의나 외근과 같이 상호 작용이 필요한 활동 위주로 진행. 여유가 생기면 집필에 필요한 자료를 찾음. 퇴근 시간은 오후 6시.

⬇

퇴근 이후	집까지 오는 시간은 약 1시간 20분 정도 소요. 집에 대략 7시 30분에서 8시 사이에 도착. 아내와 함께 저녁 준비를 한 다음 8시쯤 저녁 식사. 점심시간 이후 저녁까지의 간격이 길어 폭식하는 경우가 많음. 저녁 식사 후에는 가족과 대화를 하거나 멍하니 텔레비전 또는 스마트폰을 봄. 이때부터 피곤이 몰려와 10시에서 11시까지 아무 일도 하지 못함. 한편 일주일에 1~2번은 저녁 약속이 있음. 간단히 시간을 가지고 집에 오면 11시에서 12시 사이. 약속이 있는 날은 집에 오자마자 취침.

⬇

주말	토요일엔 평일에 찾은 자료들을 바탕으로 오후부터 본격적인 집필 활동. 한 달에 한두 번은 가족과 나들이. 일요일은 교회를 다녀온 후 대부분 휴식을 취함.

간 정도 되니까 저녁에는 폭식을 할 수밖에 없었던 것이다. 거기다 폭식한 다음에는 소화하는 데 많은 에너지가 쓰여서 더욱 피곤함을 느껴 소화도 시키지 않은 채 바로 쓰러져 잠들어버리기 일쑤였다.

나는 저녁 시간의 폭식을 방지하기 위해 점심시간과 저녁 시간 사이에 간식 타임을 가지기로 했다. 다행히 오후 4시쯤 달걀과 우유로 허기를 채우는 것만으로도 저녁 폭식은 막을 수 있었다. 그럼에도 여전히 운동을 할 엄두는 나지 않았다. 그럴 만도 한 게 매일 1시간 이상 출퇴근에 체력을 소모하는 데다가 업무에 에너지를 소진하고 거기다 집필까지 신경을 써야 하니 다른 일을 할 여유가 없었다.

여기까지 읽은 독자들은 느낄 것이다. 내가 또다시 변명을 늘어놓고 있다는 것을. 나는 더 이상 변명하지 않기로 했다. 하루의 일정 시간을 툭 떼어 그 시간은 무조건 운동을 하기로 했다. 한마디로 '운동 루틴'을 만들기로 한 것이다.

루틴이란 습관과 마찬가지로 일정한 행동 패턴을 반복하는 것이다. 하지만 무의식적으로 형성되는 습관과는 달리 루틴은 특정한 의도를 가지고 만들어낸다. 《데일리 루틴》[31]를 쓴 허두영 작가는 루틴의 특성을 '노력하지 않기 위해 최선을 다해 노력하는 것이고, 애쓰지 않기 위해 최대한 애쓰는 것이다'라고 설명했다.

이 말처럼 일단 루틴을 형성하기만 하면 그다음부터는 힘들이지

---

31 허두영 저, 데이비드스톤, 2021.2.22.

않아도 된다. 그런 점에서 루틴은 일종의 '삶의 자동화'라고 할 수 있다. 이러한 루틴의 관점에서 내 생활을 들여다보니 그동안 내가 왜 운동에 실패했는지 깨달을 수 있었다. 그동안 나는 어떤 운동을 할 것인지만 고민했을 뿐, 그 운동을 반복하기 위한 노력은 기울이지 않았다. 그러니 매번 작심삼일로 끝날 수밖에. 하지만 이번에는 최대한 반복적인 루틴을 설정할 수 있도록 노력했다.

● **변경한 나의 퇴근 후 루틴**

퇴근 이후	집까지 오는 시간은 약 1시간 20분 정도 소요. 집에 대략 7시 30분에서 8시 사이에 도착. 아내와 함께 저녁 준비를 한 다음 8시쯤 저녁 식사. 점심시간 이후 저녁까지의 간격이 길어 폭식하는 경우가 많음. 저녁 식사 후에는 가족과 대화를 하거나 멍하니 텔레비전 또는 스마트폰을 봄. 이때부터 피곤이 몰려와 10시에서 11시까지 아무 일도 하지 못함. 한편 일주일에 1~2번은 저녁 약속이 있음. 간단히 시간을 가지고 집에 오면 11시에서 12시 사이. 약속이 있는 날은 집에 오자마자 취침.

퇴근 후 바로 집으로 오는 경우	퇴근 후 약속이 있는 경우
오후 4시쯤 간식을 먹기 때문에 폭식은 하지 않게 됨. 저녁은 두부 등 칼로리가 적으면서도 포만감을 느끼는 음식 위주로 간단히 먹고 식후 30분 정도 휴식. 휴식 시간에는 절대 스마트폰을 보지 않음. 대신 아이들과 즐거운 대화를 나눌 것. 휴식 후에는 아무리 피곤해도 30분간 트램폴린 운동을 함. 가끔은 둘째 딸과 함께 10분간 번갈아 가며 운동. 너무 격렬하게 운동하면 허리에 무리가 갈 뿐만 아니라 수면에도 영향을 미치므로 땀이 날 정도로만 운동. 운동 후에는 씻고서 1시간 정도 집필 활동. 12시부터는 무조건 잠자리에 들 것.	약속 후 집으로 올 때 2~3 정거장 정도 걸어서 전철을 탈 것. 스마트폰 만보기로 5천 보 이상 정도. 그동안 소화가 되므로 집에 오면 몸이 가벼워지는 것을 느낌. 약속이 있는 날에도 가급적 잠들기 전까지 자료 검색이나 집필 활동을 통해 숙면을 유도함.

문제는 내가 반복적인 활동을 극히 싫어하는 성격이라는 점이었다. 그래서 매일 똑같은 운동을 반복하기보다 다양한 상황을 설정해 일주일 단위의 프로그램을 구성해 규칙적으로 반복했다. 일주일에 2~3일 정도는 실내에서 트램폴린 운동을 하고, 회식이나 저녁 약속이 있는 경우에는 걷거나 조깅을 하는 등이다. 트램폴린 운동을 하기로 한 이유는 짧은 시간 많은 칼로리를 소모할 수 있어 효과적이기 때문이었다. 나는 생활 패턴 중에서 퇴근 후의 시간에 변화를 주기로 했다.

　이와 같은 루틴을 설정하고 난 다음, 나에겐 어떤 변화가 찾아왔을까? 나의 루틴 형성에서 가장 핵심은 식후 30분에서 1시간 이내에 운동하는 것이었다. 솔직히 처음 일주일 동안은 또다시 변명에 넘어가고 말았다. 그럼에도 좌절하지 않고 한 달 이상 꾸준히 반복한 결과 자연스럽게 트램폴린 앞에 서 있는 나를 발견할 수 있었다. 그리고 두 달 이상 지속하니 몸무게를 5% 정도 감량했으며 콜레스테롤 수치도 많이 개선되었다.

　루틴을 형성하기 위해서 그 어떤 핑계도 대지 않고 무조건 움직였다. 아무리 피곤해도 10분 이상은 뛰기로 했다. 가끔 과식을 해서 30분 이내에 뛰기 부담스러운 날이 문제였는데, 이런 날도 퍼져서 잠들기보다는 나가서 산책을 하다 돌아오곤 했다.

　지금까지 설명한 것처럼, 루틴을 통한 자동화가 건강 회복을 위한 가장 효과적인 방법이란 사실을 나는 경험을 통해 깨달을 수 있었다. 당신도 삶의 패턴을 정리하여, 이 과정에서 생활 속에 내재되어 있는 문제점을 발견하기 바란다. 아마 대부분의 40대라면 나처럼 저녁 시간에 문제가 있을 테지만, 각자 생활 패턴을 스스로 분석하여 더욱 명확하게 문제 원인을 파악하자.

40대에게 필요한 건 협업을 위한 탄탄한 네트워크

영화 〈범죄와의 전쟁〉을 보면 상당히 재미있는 캐릭터가 등장한다. 배우 최민식이 맡은 '최익현'이란 인물인데, 그는 막강한 인맥 하나로 자기보다 센 사람들이 우글거리는 범죄의 세계에서 성공한다. 최익현은 하정우가 맡은 조폭 두목 '최형배'에게 수첩을 보여주며 이게 얼마짜리로 보이냐고 묻는다. 수많은 권력자의 연락처가 빼곡히 적힌 그 수첩 덕분에 조폭 두목 최형배는 물론 그의 졸개들까지 최익현을 형님으로 모셔야만 했다.

물론 권력과의 음침한 유착 관계 형성은 80년대에서나 가능했을지 모른다. 하지만 직장 생활에서 능력을 발휘하기 위한 네트워크의 위력은 여전히 유효하다. 오히려 시간이 지날수록 그 필요성이 더욱 높아지고 있다.

2부에서 말한 바 있는 창업 후 거치게 되는 4단계 현실에서 1단계인 '지인 영업'의 단계만 보더라도 잘 알 수 있다. 실제로 직장 생활을 하며 쌓은 인맥을 바탕으로 퇴사 후 자기 사업을 꾸려가는 사람들이 상당히 많다. 이직을 하기 위해서도 인맥의 힘은 반드시 필요하다. 이직을 위해 반드시 거쳐야 하는 레퍼런스 체크에서 지인들의 도움이 매우 중요하기 때문이다. 아예 지인의 추천을 통한 이직도 상당히 많은 편이다. 사실 회사에서 가장 선호하는 채용 방법은 직원들의 추천을 통한 채용이다. 직원이 추천한 사람이라면 그래도 좀 더 신뢰할 수 있는 사람이라는 생각을 하기 때문이다. 나 역시 지금의 회사에 입사할 수 있었던 건 이 회사에 먼저 입사해서 일하고 있었던 대학원 선배의 추천이 시작점이었다.

대한민국에서 네트워크의 힘은 결코 무시할 수 없다. 문제는 이런 네트워크를 어떻게 쌓아나갈 수 있느냐는 것이다. 나는 자동차 회사에서 인사와 대외 협력 업무를 담당했기에 많은 사람들을 만나야 했고, 그 덕분에 네트워크 구축 방법을 비교적 빨리 깨달을 수 있었다. 퇴사 후에는 그 노하우를 담은 책까지 출간했다. 책에는 주로 직장 생활에 필요한 네트워킹 노하우를 담았는데, 그 책을 출간한 이후 5년 동안 개인 사업을 하면서 보다 깊고 다양한 네트워킹 노하우를 얻을 수 있었다.

40대에 새로운 인맥을 쌓아나가는 건 사실 굉장히 어려운 일이다. 진정성 있는 관계보다는 대부분 일로 만난 사이로 그치기 마련이다. 하지만 40대에게는 인간적인 신뢰 관계이든, 일로 만난 사이든 업무를 하는 데 있어 적재적소에서 협업할 수 있는 능력이 요구된다. 그렇다고 매주 골프를 치러 나갈 수도 없고 매일 술자리를 가질 수도 없다.

다음의 표는 관계를 지속하고 싶은 기간을 의미하는 '지속 시간'

과 그 사람이 필요한 정도를 의미하는 '필요성'에 따라 네트워크를 네 가지로 분류한 것이다. 이 표를 참고하며 당신의 네트워크를 재구성 해보라.

● **네트워크 구분표**

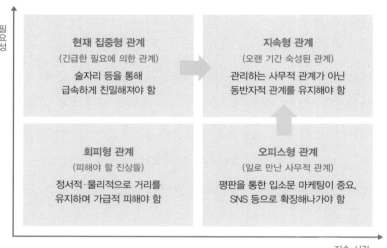

삶의 동반자 '지속형' 관계

가장 이상적인 관계는 오른쪽 위칸에 위치한 지속형 관계다. 이 관계는 오랜 시간 곁에 있으면서 신뢰 관계를 형성한 경우다. 굳이 일이라는 매개체가 없더라도 자주 만나 스스럼없이 어울릴 수 있다. 지속형 관계를 형성하기 위해서는 무엇보다 신뢰할 수 있는 사람들을 선택하는 것이 중요하며, 이들과는 정기적으로 만나는 것이 좋다. 심리학에서 말하는 '단순 노출 효과'처럼 자주 볼수록 친밀도가 높아지기 때문이다. 이들은 관리하려고 하지 말고 그저 자주 만나면서 서로 없어서는 안 될 '동반자'로 나아가는 것이 중요하다.

지속형 관계를 유지하기 위해서는 상대에 대한 배려가 필요하다. 카네기멜론 대학의 마거릿 클라크[Margaret Clark] 교수와 메릴랜드 대학의 저드슨 밀스[Judson Mills] 교수는 관계의 유형에 따라 사람들이 추구하는 보상과 이득이 다르다고 말한다. 교환 관계에서는 서로 간에 주고받을 보상과 이득을 따지지만, 부모 자식 관계와 같은 공존 관계에서는 그런 계산을 하지 않는 것이다. 특히 장기적 관계를 맺고 싶은 사람들은 보상의 득실을 따지기보다 상대에게 무엇이 필요한지 더 면밀하게 살핀다. 한마디로 지속적인 관계 형성을 원하면 상대방에 대한 자발적인 배려가 필요하다고 할 수 있다.

접대의 기술이 필요한 '현재 집중형' 관계

두 번째는 필요성은 크지만, 관계가 지속된 시간은 그리 오래되지 않은 사이를 말하는 현재 집중형 관계다. 이직을 하고 난 다음 업무적으로 긴밀해질 필요가 있거나 사업상 거래할 필요가 있는 경우처럼 친밀도가 낮은데도 당장 급한 일 때문에 급속도로 관계를 형성해야 하는 관계를 말한다. 그러므로 이들과는 술자리나 골프 등 취미 활동을 통해 급속도로 가까워질 필요가 있다.

현재 집중형 관계에 있는 사람들과 친해지기 위해서는 가장 먼저 접대의 기술이 필요하다. 이 기술은 돈을 크게 들이지 않으면서도 상대를 효과적으로 내 사람으로 만들 수 있는 방법이다. 우선 상대가 부담스럽지 않도록 꼭 만나야 할 구실을 만든다. 적절한 유인 전략을 펴는 것이다. 이때 세일즈맨들이 주로 쓰는 '한 발 들여놓기 기법Foot-in-the-door Technique'이 유용하다. 상대방이 충분히 들어줄 수 있는 작은 요청을 해본 다음, 상대가 이를 수용하면 조금씩 요청을 늘리는 방법이다.

다음으로는 상대에게도 내가 꼭 필요한 사람이라는 걸 인식시키는 포지셔닝 전략을 편다. 다급한 마음에 처음부터 저자세로 나갈 필요는 없다. 오히려 상대에게도 내가 필요한 이유가 있는지 잘 살펴봐야 하며, 이번엔 내가 도움을 받더라도 다음엔 내가 도움을 줄 수 있는 기회가 있는지 처음부터 잘 생각해야 한다. 상대의 보상 심리를 역이용하는 방법이라 할 수 있다.

세 번째 전략은 취향 저격이다. 만나는 장소를 고를 때 상대의 취향을 미리 파악하고 가는 것이다. 상대가 즐겨하는 취미나 취향을 사전에 파악하는 건 기본 중의 기본이다. 사전에 파악한 정보 중에서 자신과 공통된 취향이 있는지 보고, 있다면 대화 중 자연스럽게 풀어내며 좋은 분위기 속에서 만남을 지속하도록 한다.

마지막 전략은 사후 관리다. 접대에도 사후 관리가 필요하다. 접대의 하수는 상대에게 도움을 받고 난 이후 다른 도움을 청할 일이 없으면 연락을 하지 않는다. 상대방은 당연히 괘씸한 마음이 든다. 반면 고수는 상대에게 도움을 받고 나서도 최소한 세 번은 더 연락을 취하거나 만난다. 상대에게 도움을 받기 전에만 친한 척하고 도움을 받고 난 이후에는 연락을 끊어버린다면 배은망덕한 사람이 된다는 걸 명심하자.

한편 상대에게 부탁을 했는데도 불구하고 거절을 한다면 어떻게 해야 할까? 상대가 거절한다고 해서 무안해하며 물러서는 건 아마추어다. 상대가 거절할 땐 '얼굴 부딪히기 기법Door-in-the-face'을 활용하면 된다. 이는 자신이 원하는 것보다 훨씬 큰 것을 요청하고 상대가 이를 거절하면 그보다 작은 요청을 하여 원하는 것을 얻는 방법이다. 요청을 거절한 상대방의 미안한 마음을 역이용하는 방법이라 할 수 있다. 예컨대 500만 원짜리 거래를 요청하기 위해서 처음에는 1,000만 원짜리 거래를 제안하는 것이다. 상대가 거절하면 규모를 조금씩 줄여가면서 요청한다. 결국 상대는 미안한 마음에 요청을 수락할 수밖에 없게 된다. 어떻게 보면 찌질해 보일 수도 있는 방법이지만 사업 현장에서는 매우 유용하게 활용할 수 있다.

또한 접대도 중요하지만, 과도한 접대는 절대 삼가야 하며 갑을관계로 굳어지지 않도록 노력하는 것도 잊지 말자. 그리고 현재 집중형 관계에 있더라도 꾸준한 신뢰를 형성하면 얼마든지 지속형 관계로 발전할 수 있으므로 꾸준한 관계 유지에도 힘쓴다.

가깝지도 멀지도 않은 '오피스형' 관계

직장에서 우리는 하루에도 수십 명의 사람들과 마주친다. 하지만 그중에서 긴밀한 관계를 맺고 있는 사람은 한두 명에 불과하고 나머지는 그냥 동료일 뿐이다. 사실 이러한 관계는 참으로 애매해서 가까이 지내기도 어렵고, 그렇다고 아예 모른 척하자니 왠지 불안하다. 이렇게 친한 듯 친하지 않으면서도 친하게 지내야 하는 사이를 오피스형 관계라 한다. 현재 집중형보다 오래 알고 지냈지만 당장 필요성은 크지 않아 접대할 필요까지는 없는, 부담이 적은 관계라 할 수 있다.

오피스형 관계에서는 당신의 평판이나 평소 행동으로부터 느껴지는 이미지가 큰 역할을 하게 된다. 이때 메라비언의 법칙을 기억하자. 메라비언의 법칙이란 사람들이 다른 사람에 대한 첫인상을 결정하는 요소로 비언어적 요소인 표정과 태도가 55%를 차지하며 목소리는 38%, 그리고 말하는 내용 그 자체는 불과 7%에 불과하다는 것이다. 다른 사람에게 좋은 인상을 남기기 위해서는 듣기 좋은 말보다는 긍정적인 표정과 예의 바른 태도가 훨씬 효과적이라는 사실을 기억하자.

좋은 인상을 형성하고 나면 일종의 후광 효과가 생긴다. 좋은 사람이라는 인상을 형성하게 되면 또 다른 긍정적인 특성도 가지고 있을 거라고 평가받는 것이다.

한편 SNS 활동을 통해 온라인으로도 친밀감을 쌓는 것도 중요하다. SNS를 통한 소통은 쉽고 간편하며 낯선 사람과의 만남에 대한 두려움을 덜어주며 즉각적인 반응이 온다는 장점이 있다. 하지만 많은 연구에서 SNS 소통이 장기화될 시 외로움이나 우울증 등의 여러 부작용을 유발하거나 삶의 만족도를 낮출 수 있다고 경고한다. 이 점은 코로나19로 인해 비대면 시대가 열렸지만, 온전한 관계를 위해서는 대면과 비대면 접촉이 균형 있게 이뤄져야 한다는 사실을 말해준다.

일단 피하고 보는 '회피형' 관계

어리석게도, 나는 40대가 되면 조금은 인간관계가 편해질 줄 알았다. 그러나 어딜 가나 만날 수 있는 '또라이'들 때문에 인간관계는 늘 고달프기만 하다. 아무리 인간관계 스킬이 좋은 사람이라 해도 이런 또라이를 만나면 힘들 수밖에 없다. 그러나 40대라면 진상도 효과적으로 피하거나 어느 정도는 제어할 수 있어야 한다.

한편 '또라이'라는 용어는 스탠퍼드 대학 교수이자 세계적인 경영 컨설턴트인 로버트 서튼Robert Sutton이 2004년《하버드 비즈니스 리뷰》에 기고한 글에서 사용한 후 엄청난 반응을 불러일으켰다. 여기서 서튼 교수는 항문을 뜻하는 'Asshole'이라는 용어를 사용했는데, 오히려 우리나라에는 이보다 순화된 또라이라는 말로 번역되었다.

서튼 교수는 자신의 저서인《또라이 제로 조직》[32]에서 '우리는 우리 힘으로는 어찌할 수 없는 만날 쪼아대기만 하는 꼴통들에 치여 살고 있기 때문에 이들에게 눈길 하나 주지 않는 게 정신 건강에 좋을 때가 있다'고 말한다. 한마디로 똥이 무서워서 피하는 게 아니라 더러워서 피하듯 또라이들도 일단은 피하는 게 상책이라는 것이다. 어쩌면 비겁해 보일 수도 있지만, 그렇게라도 완충 장치를 만들어야 자기 자신

---

32 로버트 I. 서튼 저, 서영준 역, 이실MBA, 2007.5.14.

이 파괴되는 걸 막을 수 있다.

한편 또라이들의 행동이 지나친 경우에는 직장 내 괴롭힘으로 신고하는 것도 좋은 방법이며, 성적인 괴롭힘이 있다면 용기를 내어 신고해야 한다. 이런 용기 있는 행동들을 통해 마음속에 있는 쓰레기들을 하루빨리 치워버리는 것이 스스로를 위한 가장 현명한 대처이다.

가족이라는 이름의 베이스캠프

에베레스트와 같이 해발 수천 미터 이상의 높은 산에 오를 때는 두통과 피로, 어지럼증을 일으키는 고소증이 발생한다. 고소증을 극복하고 정상에 오르기 위해서는 베이스캠프를 기점으로 일정한 지점까지 등정한 후 다시 베이스캠프로 복귀하고 다음 날 조금 더 높이 등반하고 베이스캠프로 복귀하는 과정을 수차례 반복해야 한다.

고달픈 삶의 현장을 살아가는 우리에게도 하루를 마무리한 후 돌아가 재충전할 수 있는 베이스캠프가 있다. 특히 40대에 접어든 이들에게는 '가족'이 베이스캠프다. 우리는 가족이라는 베이스캠프로 돌아와 재충전을 해야 어제보다 더 높은 곳에 도달할 수 있다.

앞서도 말했지만 나는 몇 달 전 패혈증으로 인해 열이 40도까지 올라 사경을 헤맨 적이 있었다. 당시 오한으로 온몸이 부들부들 떨려 가슴 깊은 곳에서부터 두려움이 밀려왔다. 그러나 밤새 곁에서 수건에 물을 적셔 열을 내려주는 아내와 진실한 기도로 내가 낫길 빌어주는 두 딸들 덕분에 나는 이내 두려움을 잊을 수 있었다. 열에 취해 잠들며 딸들의 기도를 들었는데 깨어나고 나니 열이 많이 내려 있었다. 난 그날 밤의 회복이 가족의 사랑과 보살핌 덕분이라고 분명히 말할 수 있다.

물론 내가 이런 경험을 했다고 해서 다른 이들도 모두 가족의 소중함을 깨닫고 가족에게 돌아가라고 말하는 건 정말이지 경솔한 주장이라는 걸 안다. 요즘처럼 가족의 형태가 다양한 세상에서 어쩌면 너무 이상적인 이야기라고 지적할 수도 있겠다. 혹은 가정 내에는 단순히 부부 사이의 갈등을 넘어 여러 세대에 걸쳐 얽히고설킨 애착 관계로 인해 나타나는 복잡한 문제가 있음을 지적하는 독자도 있을 것이다. 그러나 내가 여기서 말하는 가족은 내가 언제든 돌아갈 곳이자 재충전을 할 수 있는 곳이라는 의미다. 그런 관점에서 나의 이야기를 들어주면 좋겠다.

나와 같은 40대라면 가족 구성원이 부부, 그들의 자녀인 경우가 대다수일 것이다. 그래서 가족이라는 환경이 무너져내리는 이유 역시 부부 사이의 갈등 또는 자녀와 부모의 불통이 대부분이다. 내 삶의 베이스캠프가 온갖 갈등으로 범벅이 되어 있다면 몸과 마음의 건강을 취할 수 없다. 나만이 아니라 함께 사는 가족 모두에게 그렇다.

가족 문제는 단순히 부부 둘만의 문제라거나 자녀의 일탈 등으로 풀이할 수 없다. 그보다 더 깊게, 여러 세대에 걸친 상처가 있었는지 종합적으로 살펴봐야 한다. 나는 나의 부모에게, 배우자는 배우자의 부모에게 어떤 상처가 있었던 것은 아닌지부터 확인해야 나 자신의 상처를 확인하고 고통의 원인을 찾을 수 있다. 가족 관계에서는 구성원 중 누구 하나만의 불성실과 무능이 갈등의 주범이 아니다. 가족 모두 가정에서는 재충전이 가능할 수 있도록 보다 넓은 시각으로 구성원을 이해하려 노력하자. 이런 노력에도 도저히 갈등의 골이 좁혀지지 않는다면 빨리 전문가를 찾아 상담을 요청하는 것이 좋다. 베이스캠프가 건강하지 않으면 몸과 마음의 건강은 요원하다.

리폼
Re-Form

나만의 콘텐츠 허브가 필요한 이유

장류진 작가의 《달까지 가자》[33]라는 작품에는 같은 회사에 근무하는 흙수저 3인방의 가상화폐 투자 분투기가 흥미롭게 담겨 있다. 주인공 다해, 은상 언니, 지송은 우리 주변에서 흔히 볼 수 있는 지극히 평범한 직장인이다. 월세 걱정과 상사 스트레스에 시달리던 그녀들은 가상화폐의 일종인 이더리움에 투자하고 난 이후 '떡락'과 '떡상'의 풍파를 함께 겪으며 롤러코스터와 같은 일상을 보내기 시작한다.

그녀들처럼 요즘 가상화폐에 투자하는 사람이 많다. 투자자들 대부분은 소설 속 인물들처럼 피 말리는 하루하루를 보낸다. 가상화폐는 점점 투자의 대세를 차지하고 있지만, 투자자들의 물적·정신적 피해도

---

33 장류진 저, 창비, 2021.4.15.

커지고 있음을 부정할 수는 없다. 최근에는 전 세계 거래소에 상장된 가상화폐 1만 여종의 시가총액 1천조 원이 한 달 만에 증발하는 일이 생기기도 했으며, 외신들은 이런 혼란을 뱅크런^{Bank Run}에 빗대 '코인런^{Coin Run}'이란 신조어로 보도하고 있다.[34]

가상화폐 외에 주식이나 부동산 등 다른 분야에 대한 투자는 어떨까? 여유 자금을 가지고 장기적인 안목으로 투자를 한 사람들은 그나마 여유 있는 삶을 보낼 수 있다. 하지만 종목의 호재와 재무제표 분석, 급등 주 매매기법 등을 배워 단기 투자를 주로 하는 일반 투자자들은 주식 차트의 노예가 되는 경우가 대부분이다. 부동산에서도 종잣돈을 가지고 여유 있게 투자하는 경우가 아닌, 대출을 받아 무리하게 투자한 경우에는 상당한 위험을 감수해야 한다.

물론 월급만으로는 살기 팍팍한 현실에서 이런 투자라도 해야 불안이 해소되는 건 사실이지만, 그렇다고 주식 차트의 노예가 되는 것 역시 행복하지는 않은 삶이다. 그것이 잘못된 삶의 방식이라는 건 결코 아니지만, 오로지 돈을 목적으로 단기적인 안목을 가진 채 투자에 뛰어드는 건 지극히 위험하다는 말이다.

지금부터는 앞서 설명한 자기만의 브랜드 컨셉과 키워드를 가지고 매일 1~2시간씩 투자하여 세상과 소통하는 '콘텐츠 허브^{Contents Hub}' 구축법을 살펴볼 것이다. 콘텐츠 허브에서는 '나'라는 브랜드가 세상

---

34 조선일보, 〈[사설] '잡코인' 무더기 퇴출, 현실로 나타난 '코인 재앙'〉, 2021.6.21.

과 소통하며 실질적인 자본화도 가능하다. 물론 콘텐츠 허브 구축에도 최소 6개월 이상의 시간을 투자해야 하며 수많은 난관을 거쳐야 한다. 그러나 시행착오를 최소화할 수 있는 방법을 익혀 꾸준히 해나간다면 웬만한 주식 투자보다 월등히 높은 수익을 거둘 수 있으며 동시에 40대를 맞이하며 쌓아 올린 나만의 브랜드 컨셉을 세상에 품격 있게 드러낼 수 있다.

기업들이 막대한 돈을 들여 각종 플랫폼에 광고를 하는 데는 다 이유가 있다. 이제는 개인도 자기만의 플랫폼을 구축하여 충분히 자신을 알릴 수 있게 되었다. 10년 동안 꾸준히 블로그 활동을 해온 강사는 한 달에 수천만 원의 강연 수입을 얻고 있으며, 역시 꾸준히 블로그 활동을 해온 파워블로거도 SNS로 활동 반경을 넓혀 한 달에 수백만 원의 수입을 얻기도 한다.

인스타그램, 페이스북과 같은 SNS를 비롯해 블로그나 유튜브 등 다양한 플랫폼을 구축하라는 건 결국 인플루언서나 크리에이터가 되라는 말이 아니냐고 생각할 수 있다. 아니다. 실제로 일반인이 직장을 다니면서 그런 일을 한다는 건 사실상 불가능에 가깝다. 거기다 유명한 인플루언서나 크리에이터가 되기 위해서는 소위 말하는 '인싸력' 또는 '관종력'이라고 하는, 관심을 불러일으키는 능력이 필요하다.

하지만 일반인들은 굳이 그렇게까지 할 필요가 없다. 단지 전문성과 자신의 컨셉만 명확하다면 충분히 효과적인 플랫폼을 구축할 수 있다. 인싸력으로 운영되는 플랫폼이 아니라 '콘텐츠'를 중심으로 운영되는 나만의 플랫폼을 구축하면 되는 것이다. 그래서 나는 이를 콘텐츠 허브라고 표현했다.

나를 대표하는 콘텐츠 허브 구축하기

나만의 콘텐츠 허브를 구축하기 위해서는 첫째로 다양한 플랫폼의 특성을 이해해야 한다. 그런 다음 자신이 어떤 플랫폼을 허브로 삼을지 결정해야 한다. 두 번째는 콘텐츠 허브를 채워줄 개별 콘텐츠를 작성하기 전에 키워드 활용법을 알아야 한다. 키워드 활용법을 알아야 검색 노출에서 유리한 위치를 차지할 수 있기 때문이다. 마지막으로 개별 콘텐츠의 작성 방법을 익힌다. 이때 이미지의 저작권 문제 등을 조심한다. 이 세 가지는 개인이 콘텐츠 허브를 구축하기 위해 반드시 알아야 하는 필수 요소다.

플랫폼별 특성 파악하기

가장 먼저 알아야 할 플랫폼이 있다. 네이버와 관련된 플랫폼이다. 네이버는 국내에서 사용하지 않을 수 없는 플랫폼이다. 그중에서도 특히 블로그가 중요하다. 제작과 유지에 상당한 비용이 드는 홈페이지와 달리 블로그는 무료로 개설할 수 있으며, 자유롭고 쉽게 편집할 수 있어 가장 편하게 활용할 수 있기 때문이다.

한때 네이버에서 블로그를 등한시하는 정책을 펼치기도 했지만,

강력한 편리함 덕분인지 블로그는 다시 살아나고 있다. 나도 마케팅을 하면서 블로그의 편리함을 절실히 느낀다. 특히 데스크톱에서 작업을 하고 모바일 버전을 따로 만들지 않아도 자동으로 모바일로 전환되는 기능은 역대급이다. 최근에는 스마트 스토어 사업자들이 블로그를 홈페이지로 활용하고 있다.

또한 같은 관심사를 공유하는 네이버 카페도 무시할 수 없다. 같은 관심사를 공유하는 사람들이 모이므로 결속력이 강할 수밖에 없고 카페 회원들에게 무료로 쪽지를 발송할 수 있기 때문에 구성원 간의 결속력 강화와 커뮤니케이션에 효과적이다. 비록 전성기 때의 파급력까지는 아니더라도 여전히 특정 정보를 찾는 사람들을 위한 커뮤니티로 유용하다.

SNS에서는 페이스북과 인스타그램이 대표적이다. 2012년 신생 스타트업에 불과하던 인스타그램을 페이스북이 인수함으로써 한 회사가 되었고, 이제는 서로 연동도 가능하다. 하지만 페이스북과 인스타그램은 콘텐츠 작성에 있어서 큰 차이가 있다. 동일한 콘텐츠를 올리더라도 인스타그램에서는 이미지가 먼저 보이는 반면 페이스북은 텍스트가 먼저 보인다. 즉, 페이스북보다 인스타그램이 더욱 이미지 지향적인 플랫폼이라 할 수 있다. 최근에는 페이스북 엑소더스라 할 만큼 많은 사용자들이 페이스북을 이탈하고 있는데, 그럼에도 국내에서 가장 많이 이용되고 있는 SNS는 여전히 페이스북이라는 사실을 간과해서는 안 된다.

한편 국내에서 개발된 카카오스토리와 네이버 밴드도 있는데, 이들 플랫폼은 이용자가 상대적으로 적은 편이다. 그러나 연령대가 높아질수록 이들 플랫폼의 이용률이 높아진다는 사실은 참조할 만하다.[35]

설명한 플랫폼 중에서 하나를 정해 콘텐츠 허브로 활용하자. 전문 인플루언서가 아니니 플랫폼별 특성에 맞춰 다양하게 콘텐츠를 작성할 필요는 없다. 그럴 시간도 부족하다. 그보다 주력 플랫폼에서 콘텐츠를 정성 들여 작성한 다음 이를 다른 플랫폼에다 공유하자. 그것만으로도 큰 효과가 있다.

콘텐츠 작성에 필요한 키워드 활용법

검색 키워드를 설정할 때 무엇보다 중요한 건 자신이 설정한 브랜드 컨셉과 관련된 키워드를 설정하는 것이다. 만약 브랜드 컨셉이 '반려견의 행동을 잘 이해하고 아끼는 반려견 미용 전문가'라면 이와 자연스럽게 연결되거나 연상되는 것들을 키워드로 설정해야 한다.

이를 위해 키워드에 대한 이해가 필요하다. 키워드의 종류에는 세 가지가 있다. 첫 번째는 자신이 말하고자 하는 직접적인 핵심 단어를 말하는 핵심 키워드이고, 두 번째는 그 핵심 키워드를 부연 설명하는 간접 키워드이며, 세 번째는 핵심 키워드와 관련되거나 핵심 키워드를 연상시키는 질문을 말하는 우회 키워드다.

---

35 김윤화, 〈SNS(소셜 네트워크 서비스) 이용 추이 및 이용 행태 분석〉, 《정보통신정책연구원 2019-10호》, 2019

● 키워드별 사례

구분	핵심 키워드	간접 키워드	우회 키워드
정의	자신의 브랜드 컨셉 또는 자신의 이름	핵심 키워드에 대한 설명 또는 연관 키워드	자신의 브랜드 컨셉과 관련된 질문
사례	반려견의 특성을 잘 이해하고 아껴주는 '반려견 미용 전문가'	반려견 미용 스트레스 반려견 미용 전문가 반려견 털 관리	반려견 털을 자를 때 가위로 해야 하나요, 면도기로 해야 하나요?
	스케이트보드, 산악자전거 등 흥미진진한 '익스트림 스포츠 전문 유튜버'	스케이트보드 영상 롱보드 타는 영상 산악자전거 타기	영상을 보면서 스케이트보드 타는 법을 배우고 싶을 때
	고객의 건강을 책임지는 '퍼스널 트레이너'	다이어트, 몸 만들기 홈트레이닝, 근육 만들기	세 달 만에 10kg 이상 감량하면서 몸까지 만들고 싶다면?

사례에서 보듯 핵심 키워드에서 간접 키워드, 그리고 우회 키워드로 갈수록 표현이 길어지거나 연관된 키워드의 수가 많아진다. 이는 최대한 많은 키워드를 설정함으로써 검색에 노출되기 위한 전략이다. 중요한 것은 이러한 키워드를 통해서 노출되어야 하는 건 바로 '나 자신'이다. 그러므로 항상 핵심 키워드 또는 나만의 브랜드 컨셉과 연관된 키워드를 설정하는 것이 좋다.

● 핵심 키워드 설정 루트

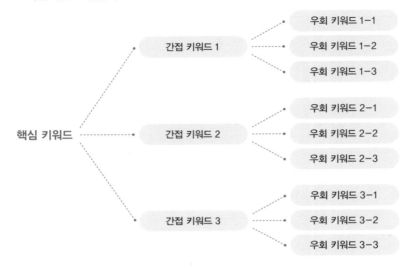

개별 콘텐츠를 제작하는 법

콘텐츠 작성에 있어서 플랫폼별로 세부적인 내용이 다르므로 모든 플랫폼에 대한 기술적인 부분을 여기에서 모두 다룰 수는 없다. 대신 SNS 콘텐츠 작성에 있어 가장 기본적이면서 핵심적인 원칙과 요령을 설명하고자 한다.

콘텐츠 제작에서 가장 중요한 것은 콘텐츠의 내용과 관계된 양질의 이미지를 확보하는 것이다. 그러나 이미지를 활용할 경우 저작권에 유의해야 한다. 저작권이 있는 콘텐츠를 무단으로 사용하다 자칫 배상해야 할 일이 생길 수 있으니 주의한다.

최근에는 이미지를 무료로 다운받거나 유료로 구입할 수 있는 사이트들이 있으니 이들을 이용하는 것이 안전하다.[36] 다만 이들 사이트 내에서도 특정 크기 이상의 이미지 또는 프리미엄 사진들은 사용료를 지불해야 구매할 수 있다. 또한 일부 사이트의 경우 검색어를 입력할 때 영어만 사용해야 한다.

콘텐츠 제작을 위해 이미지를 다운받았다면 이를 적절하게 편집해야 한다. 대표적인 이미지 편집 도구로는 포토샵이 있기는 하지만 비싼 사용료를 지불해야 하며 제대로 활용하기 위해서는 일정 기간 이상의 연습이 필요하다.[37]

콘텐츠 제작에 필요한 이미지가 준비되었다면 콘텐츠를 작성한다. 콘텐츠 제작에 있어서 가장 중요한 것은 콘텐츠 안에 내가 설정한 키워드가 적절하게 녹아들어야 한다는 것이다. SNS에서는 이미지가 중요하다고 하니 아예 이미지에 텍스트를 삽입하는 건 어떨까? 이미지에 있는 텍스트는 텍스트로 인식되는 것이 아니라 이미지로 인식이 되기 때문에 검색에 도움이 되지는 않는다. 그러므로 본문 글 속에 자연스럽게 키워드를 넣는 것이 중요하다.

과거에는 네이버 블로그 등에서 노출되고자 하는 키워드를 반복해서 입력하면 상위에 노출되던 시기가 있었으나, 이제는 무조건 키워드를 반복하는 경우 오히려 노출에서 배제될 가능성이 크다.

---

36 대표적으로 프리큐레이션(freeqration.com), 픽사베이(pixabay.com), 언스플래시(unsplash.com), 플랫아이콘(flaticon.com) 등이 있다.
37 이런 번거로움을 피하기 위해 무료로 사용할 수 있을 뿐만 아니라 간단하게 이미지 편집을 할 수 있는 프로그램 포토스케이프(photoscape.org)를 추천한다.

키워드를 활용할 때는 핵심 키워드 외에도 간접 키워드와 우회 키워드를 골고루 섞어서 쓰는 것이 가장 이상적이다. 페이스북이나 인스타그램에서는 해시태그(#)를 사용하여 검색을 유도할 수 있는데, 이때 자기만 사용할 만한 해시태그를 사용하기보다는 다른 사람들이 많이 사용하는 해시태그를 함께 써주는 것이 검색 노출에 유리하다.

또한 페이스북이나 인스타그램의 경우에는 본문 글을 지나치게 길게 적어서는 안 된다. 키워드 중심으로 핵심만 간단하게 적어야 가독성이 높아져 많은 사람의 관심을 끌 수 있다. 본문 안에도 단순히 키워드에 대한 설명만 나열하지 말고 독자의 공감을 살 수 있는 내용이 들어갈 수 있도록 한다. 플랫폼에 콘텐츠를 올리는 이유는 세상과의 소통을 통해 나의 브랜드를 공고히 하는 데 있음을 절대 잊어서는 안 된다.

유튜브, 꼭 해야 할까

유튜브가 크리에이터들에게 광고 수익을 분배하기로 결정한 후, 기존의 파워블로거 등 다른 플랫폼에서 활동하던 이들이 대거 유튜브로 옮겨 왔다. 이젠 엄청난 수의 구독자를 거느리는 크리에이터들이 등장하면서 유튜버 또는 크리에이터는 21세기를 대표하는 직업이 되기에 이르렀다.

이처럼 대세 플랫폼이 된 유튜브이지만, 과연 전문 유튜버가 아닌 일반인이 그들을 따라 할 수 있을까? 아니 개인 브랜딩과 콘텐츠 허브 구축을 위해 유튜브를 해야 할까? 아마 40대를 넘긴 이들 중에는 얼굴을 드러내면서 영상을 올리는 것은 꺼리는 사람이 많을 것이다. 또한 영상의 퀄리티를 위해 편집과 촬영 등에 들여야 하는 돈과 시간이 아까운 사람도 많을 것이다. 실제로 내 주변에 많은 40대들이 야심 차게 유튜브를 시작했다가 대부분 영상 편집이 너무 힘들어 결국 포기했다.

40대가 세상에 자신을 드러내고자 유튜브를 활용한다면, 가장 좋은 방법은 유명 유튜버에게 메일을 보내 출연 요청을 하는 것이다. 재테크 분야에서 유명한 신사임당의 채널에는 일반인 출연자들이 나와 생생한 재테크 노하우를 알려준다. 이처럼 분야별로 유명한 유튜버들에게 정성껏 출연하고 싶다는 요청을 보내면 생각보다 쉽게 출연 기회를 얻을 수 있다. 40대의 콘텐츠 허브는 내가 유명해지는 것 자체가 목적이 아니라 리브랜딩한 나만의 컨셉을 드러내고 내 핵심 역량을 원하는 이들과 소통하는 데 목적이 있다. 그러므로 그게 가장 빠르고 효과적인 길을 택하는 게 바람직하다.

그럼에도 만약 본인이 직접 유튜브 채널을 운영하고 싶다면, 스토리보드 작성 등의 기획만 하고 촬영과 편집은 전문가에게 맡기는 것도 좋은 방법이다. MCN 기업들이 이런 부분을 수행하고는 있지만, 일반인들은 굳이 그렇게까지 할 필요는 없고 크몽 등 프리랜서 중개 플랫폼에서 편집 전문가를 섭외하면 된다.

40대, 책 쓰기 딱 좋은 나이

한 시간에 100만 원 이상의 강사료를 받는 방법은 무엇일까? 바로 책을 쓰는 것이다. 지금과 같은 모바일 시대에 아직도 책이 중요한가 싶겠지만, 책은 전문성을 인정받는 최고의 수단이다. 따라서 리브랜딩으로 인생 2막을 치고 올라갈 40대에게는 책이 좋은 브랜딩 도구가 될 수 있다.

사실 책 쓰기는 쉬운 일이 아니다. 상당히 고된 과정을 거쳐야 하며 책을 쓴다고 해서 당장 수입이 급격히 늘어나는 것도 아니다. 무엇보다 온라인에는 매일매일 수많은 콘텐츠가 쏟아진다. 그에 반해 하나의 콘텐츠가 '책'이라는 매체로 탄생하기까지는 최소한 몇 개월의 시간이 소요된다. 그래서 힘들게 책을 썼지만 이내 트렌드에 뒤처지는 경우도 많다.

그렇다고 해서 출판은 이제 한물갔다고 판단하기에는 이르다. 우리는 왜 사람들이 유명해지면 책부터 출간하는지 생각해봐야 한다. 가장 큰 이유는 책은 고객이 가장 오래 머무르는 콘텐츠 허브이기 때문이다. 사람들이 온라인 콘텐츠에 체류하는 시간은 길어봐야 몇 분에 불과하다. 반면에 책은 최소한 30분 이상 머무를 뿐만 아니라 비교적 깊은 생각을 해야만 저자의 생각을 이해할 수 있다. 즉, 책은 선택받긴 힘들지만 일단 선택을 받고 나면 가장 깊이 있는 상호작용이 가능한 매체이다.

이처럼 책이라는 매체가 가진 장단점을 이해해야 지치지 않고 책 쓰기에 도전할 수 있다. 그러나 또 하나 의문이 들 것이다. 바로 '나는 전문 작가도 아닌데 책을 쓸 수 있을까?' 하는 의문 말이다. 어쩌면 이 질문이 가장 중요할 수도 있다.

결론부터 말하면, 전문 작가만 책을 쓰던 시기는 이미 오래전에 지나갔다. 이제는 그야말로 '일반인 작가 전성시대'다. 세상이 복잡해지고 빨리 변하는 사이 무수한 전문가들이 탄생했다. 다양화된 세상은 그들이 가진 전문지식을 필요로 했고 책은 그들이 세상에 나올 수 있게 해주는 훌륭한 매개체가 되어주었다. 특히 40대는 경험과 능력치가 최고조에 이르렀을 뿐만 아니라 현업에서도 전성기를 누릴 때이므로 책 쓰기에 가장 적합한 시기다. 지금까지 쌓아온 나만의 노하우를 가지고 있다면 그것만으로도 책을 쓸 준비가 되었다고 할 수 있다. 특히 무자본 창업을 하기 가장 좋은 강사나 컨설턴트로 활동하기 위해서는 책 쓰기는 선택이 아닌 필수이다.

하지만 일반인이 책 쓰기에는 상당한 정신적 에너지가 필요하므로 어느 정도의 훈련과 연습을 해야 한다. 이런 과정을 거쳐 첫 책을 출간하고 나면 두 번째, 세 번째 책을 쓰는 건 비교적 수월해진다. 그러므로 책 쓰기 훈련을 하는 것은 장기적인 관점에서 자신을 리브랜딩하는 필수 코스라 할 수 있다.

40대 책 쓰기 1단계 – 대중적인 글쓰기 능력 키우기

책을 출간하는 가장 큰 이유는 자신의 생각을 독자들과 공유하기 위해서이다. 그러므로 대중이 이해할 수 있고 공감할 수 있는 표현법을 익혀야 한다. 하지만 전문 작가가 아닌 이상 평소에 이런 훈련을 하는 사람은 거의 없다.

나 역시 30대 후반에 책 쓰기에 도전하기로 결심한 이후 가장 어려움을 느낀 부분이 바로 '대중적인 글쓰기'였다. 법학을 전공한 덕분에 나름 논리적인 글쓰기는 훈련이 되어 있었고 회사를 다니는 동안 무수히 많은 보고서를 작성했기에 글쓰기에는 자신이 있었다. 그런데도 주변 사람들에게 내가 쓴 글을 보여주면 너무 딱딱하다는 반응이 돌아왔다. 회사에서 쓰는 보고서는 문체가 딱딱할 수밖에 없으므로 이런 반응은 당연했다. 나는 주변 사람들도 읽기 힘들어하는 글을 일반 대중에게 보여줄 수는 없다고 생각해 그때부터 대중적인 글쓰기를 연습하기 시작했다.

이를 위해서 수많은 책을 필사했는데 그중에서도 잡지에 있는 기사들을 많이 필사했다. 잡지는 트렌드에 가장 민감하기 때문이다. 패션, 시사 등 분야를 가리지 않고 1년 가까이 필사를 진행한 후에야 비로소 딱딱한 사무용 문체를 벗어날 수 있었다.

이처럼 책을 쓰기 위해서는 많이 읽는 것도 중요하지만 대중에게 익숙한 글을 쓸 수 있어야 한다. 특히 딱딱한 문체에 익숙해진 40대 남자의 경우에는 반드시 이 과정을 거칠 것을 추천한다.

40대 책 쓰기 2단계 – 책의 주요 내용 등을 기획서로 정리하기

앞서 설명한 자기만의 콘텐츠 허브를 운영하고 있는 경우에는 자신의 전문 분야를 고민할 필요가 없다. 이미 자기만의 컨셉이나 방향이 명확할 뿐 아니라 어느 정도 시장성도 있다는 걸 스스로 입증하고 있기 때문이다. 하지만 콘텐츠 허브가 없다면 자신의 전문 분야가 무엇인지, 그리고 그 전문성을 어떻게 표현할 수 있을지부터 진지하게 고민해야 한다. 한 권의 책이 출간되기 위해서는 A4용지를 기준으로 100장 이상의 원고가 필요한데 그 공간을 채울 수 있을 만한 나만의 무기가 무엇인지 생각해야 하는 것이다.

책으로 소개할 전문 분야를 선정했다면 비슷한 분야의 다른 책들이 있는지 검색해본다. 나와 비슷한 전문성을 가진 사람들은 어떤 내용으로 출간했는지 살펴보면 컨셉이나 내용을 어떻게 차별화할 수 있을지 알 수 있다. 예를 들어 비트코인 투자법에 대한 책을 쓰려고 한다면, 비슷한 분야인 주식 투자와 관련된 책을 검색해보고 비트코인 투자와 관련된 책 중 잘 팔린 책을 검토해본다. 만일 본인이 생각하고 있는 내용과 유사한 책이 이미 출간되어 있다면 그 책과는 다른 방향으로 접근해야 한다.

이런 과정을 거치고 나면 출간기획서를 작성한다. 출간기획서란 말 그대로 자신이 쓰고자 하는 책에 대한 기획서를 작성하는 일인데 일반적으로 출판사에 출간을 제안할 때 작성한다. 출간기획서를 작성하는 동안 그 책을 쓴 이유와 다른 책과의 차별점, 주요 내용 등을 스스로 정리할 수 있다. 특히 '목차'를 정리하는 일이 가장 중요한데 목차를 제대로 잡는 것만으로도 책을 절반 이상 완성했다고 해도 과언이 아니다. 이처럼 처음부터 무턱대고 본문부터 작성하기보다는 출간기획서를 통해 방향부터 설정하는 것이 좋다.

출간기획서 양식은 일반적으로 유명 출판사 홈페이지의 독자 투고란에 들어가면 다운받을 수 있다. 하지만 그 양식을 그대로 따를 필요는 없고, 그 양식을 참조하여 내 스타일대로 작성해도 된다.

40대 책 쓰기 3단계 – 다양한 시도를 통해 출간 연습하기

평소에 글을 많이 쓰는 사람이라도 출간을 위해서는 상당한 연습이 필요하다. 처음부터 한 권의 책을 완성하기에는 부담이 너무 크고 시간도 많이 걸릴 뿐만 아니라 완성할 가능성도 높지 않다. 그래서 처음에는 PDF 전자책을 출간하는 방식으로 가볍게 시작하는 게 좋다.

PDF 전자책이란 종이 형태의 출간이 아닌 PDF 파일의 형태로 유통되는 전자책을 의미한다. 전자책이라는 형태만 바뀔 뿐 종이책의 내용을 그대로 옮겨온 epub 형태의 전자책이 아니라, 종이책과는 별개의 PDF 파일로 제작된 콘텐츠라 할 수 있다. PDF 전자책은 종이책보다 가벼운 분량으로 최신 트렌드를 반영할 수 있다는 점과 종이책보다 저렴한 가격으로 구매할 수 있다는 점, 별도의 전자책 리더기가 없어도 언제 어디서나 읽을 수 있다는 장점이 있다. 그 덕분에 PDF 전자책 출간은 출판 업계에서 하나의 트렌드로 자리 잡았다.

영상 편집하는 방법이나 업무를 효율적으로 처리할 수 있는 구체적인 팁 등 최신 트렌드에 맞춰 고객이 원하는 걸 빠른 속도로 출간할 수 있어 종이책을 출간하기 전에 PDF 전자책을 내보면서 실전 연습을 할 수 있다. 최근에는 PDF 전자책이 인기를 얻어 그 내용을 좀 더 보강하여 종이책으로 출간하는 사례도 늘어나고 있다.

PDF 전자책 플랫폼을 검색하여 활용해보자. 이들 플랫폼에 자신의 전문성을 어필하여 출간을 제안한다면 종이책 못지않은 전문성을 인정받을 수 있다. 뿐만 아니라 종이책 출간을 위한 능력까지 기를 수 있어 일석이조다.

리모델링
Re-Modeling

핵심 역량이 돈이 되게 하려면

직장인, 특히 40대에 이른 직장인이라면 얼마 남지 않은 조직 생활과 그 이후의 생계유지에 대한 두려움과 걱정에 휩싸일 때가 있다. 그럴 때마다 드는 생각이 '지금 하고 있는 일이 회사 밖에서도 먹힐까?' 이다. 나의 가치를 객관적으로 바라보거나 평가받을 사회적인 기회가 부족하기 때문에 이러한 두려움은 직장인 곁을 떠나지 않는다. 결국 자신이 가진 핵심 역량이 실제 시장에서 먹힐지는 직접 실험해보는 수밖에 없다.

그렇다고 무턱대고 회사를 그만둘 수는 없는 법. 작은 실험을 거듭하는 '스몰 스텝 Small Step'을 통해 지속적으로 증명해나가는 것이 최선이다. 세상에 내가 얼마나 필요한지 객관적으로 상황을 판단하는 용기를 내자. 다행히 최근에는 긱 워커를 위한 플랫폼 등이 많아져 이런 시도를 해보기에 더없이 좋은 세상이 되었다. 지금부터는 이러한 활동들을 통해 자신만의 수익 모델을 재설계할 수 있는 리모델링 Re-Modeling 방법에 대해 살펴보도록 하자.

국내 기업에서 HR 담당자로 근무하다 외국계 기업으로의 이직에 성공한 H차장 역시 이직 후 두려움을 느꼈다. 모두가 부러워하는 기업으로 이직에 성공했지만, 오히려 그곳에서 40대 여성 직장인으로서의 한계와 불안을 느낀 것이다. 무엇보다 인화와 단결을 중요시하는 국내 기업과는 달리 철저하게 개인 보상제로 운영되는 외국계 기업의 평가·보상 제도는 그녀를 질리게 했다. 그녀 역시 조금이라도 성과가 떨어지면 언제 쫓겨날지 모를 일이었다.

제3의 길을 미리 마련해둘 필요가 있다고 느낀 H차장은 온라인 플랫폼을 활용해 조금씩 미래를 준비하기로 했다. 그녀는 숨고라는 플랫폼에 커리어 컨설턴트로 등록한 다음 취업 준비생들을 위한 커리어 및 자기소개서 상담을 시작했다. 비록 시간당 받는 금액은 연봉에 비하면 아주 약소했지만 이런 활동을 통해 회사를 벗어나 언제라도 홀로 설 수 있는 역량을 기르고 있는 중이다.

숨고, 크몽과 같은 플랫폼들은 초창기엔 주로 디자이너 등이 중심이었지만 현재는 다양한 카테고리의 전문가들이 활발히 활동하고 있다. 참여하는 전문가들의 수가 늘어난 덕분에 시간당 단가는 점점 낮아지는 추세이나 자신이 가진 역량의 시장성을 시험해볼 수 있는 더없이 좋은 기회라 할 수 있다.

이러한 플랫폼들을 활용할 때는 단순히 부수적인 수입을 얻는다는 목적 외에 H차장처럼 개인 사업자라는 마인드가 있어야 한다. 꾸준한 활동을 통해 실제 시장에서 자신이 고객에게 제공할 수 있는 서비스의 가치가 어느 정도인지, 그리고 어떻게 해야 더 큰 가치를 제공할 수 있는지 파악하는 기회로 활용한다는 방향성을 가지는 것이 중요하다.

각종 플랫폼을 활용해 스몰 스텝을 밟는 동안 자기만의 성공 방식을 찾거나 어느 정도 자신감을 얻었다면, 나만의 '비즈니스 모델'을 그려봐야 한다. 직장이라는 울타리를 떠났을 때도 살아남기 위한 수익 창출 모델을 만드는 것이다.

원래 비즈니스 모델은 스타트업이 수익을 창출할 수 있는 방법을 설계할 때 주로 사용하는 방법인데, 40대 직장인 역시 직장인 이후의 삶을 독립적으로 살아가기 위해 비즈니스 모델을 설계할 필요가 있다. 현재의 회사에서 받는 정기적인 급여가 끊어지더라도 별문제 없는 나만의 활로를 모색하는 것이다. 각종 플랫폼에서 검증된 역량을 활용하거나 응용해서 보다 많은 고객에게 가치를 제공할 수 있는 방법을 찾아야만 근본적인 불안에서 해방될 수 있다.

이처럼 자신의 가치를 발견하고 강화하기 위해 스몰 스텝을 밟아나가는 것, 이를 바탕으로 더 큰 그림이라고 할 수 있는 나만의 비즈니스 모델을 설계하는 것, 이 두 가지가 나만의 수익 모델을 재설계하는 리모델링의 핵심이다.

스몰 스텝을 위한 플랫폼들

그야말로 디지털 부업의 시대다. 자신이 가진 다양한 재능을 활용하여 수익을 창출할 수 있는 수많은 플랫폼이 생겨나면서 본업 외에도 다양한 수익을 창출할 수 있는 시대가 된 것이다. 부업의 개념이 아닌 여러 개의 직업을 가진 사람을 뜻하는 'N잡러'들도 점점 늘어나고 있다.

디지털 부업을 가능하게 해주는 플랫폼들의 가장 큰 장점은 초기 자본이 들어가지 않는다는 점이다. 디지털 플랫폼의 특성상 비싼 임대료나 인건비를 지불할 필요가 없으며, 일정한 수수료만 제외하면 나머지는 온전히 자신의 수입이 된다는 점이 가장 매력적이다.

40대의 경우 이미 충분한 경험과 역량이 있으므로 의지만 있으면 충분히 수익을 얻을 수 있다. 디지털 환경에 막연한 두려움이 있어서 망설여지는가? 2030 세대에 비해 디지털 역량이 떨어지는 40대라면 충분히 이런 걱정을 할 수 있다. 하지만 전혀 걱정하지 않아도 된다. 대부분의 플랫폼은 매우 직관적인 환경을 제공하고 있어 누구나 손쉽게 참여할 수 있기 때문이다. 다만, 나의 핵심 역량과 잘 맞는 플랫폼을 선택하기 위한 고민은 필요하다.

몇 가지 대표적인 플랫폼의 장단점을 정리해보았다. 어떤 플랫폼이 자신에게 맞는지 생각해보고 도전해보자.

다시 한번 강조하지만, 지금 당장 부수입을 얻는 것보다 중요한 건 이런 활동들을 통해 자신의 경험과 역량이 자본이 될 수 있는지 냉철히 파악하고 가장 최적의 루트를 찾는 일이다. 그동안 쌓아온 전문성을 바탕으로 퇴직 이후 자립이 얼마나 가능한지를 판단하는 실험이라는 것을 상기하자. 이를 위해 단순히 노동력을 제공하는 플랫폼보다는 이러한 목적에 부합한 플랫폼 위주로 소개하고자 한다.[38]

긱 워커를 위한 대표 플랫폼 − 크몽, 숨고

외주 전문가가 필요할 때 찾는 대표적 플랫폼이다. 특히 크몽은 긱 워커를 위한 플랫폼 시대를 연 시초이자 대표 주자라 할 수 있다. '숨은 고수'를 뜻하는 숨고 역시 후발 주자임에도 불구하고 2021년 320억에 달하는 시리즈C 투자 유치에 성공하며 성장세를 이어가고 있다.[39]

크몽과 숨고는 전문가와 전문가를 원하는 고객을 연결해준다는 점에서는 공통점이 있지만 차이점도 있다. 가장 큰 차이는 고객과 전문가를 연결해주는 방식과 수수료 체계다. 크몽은 전문가 자신이 제공할 수 있는 서비스와 금액을 올려놓으면 고객(의뢰인)이 찾아와서 요청하는 방식이다. 또한 실제 거래가 발생될 때만 수수료를 지불하며, 20%를 기본으로 거래 금액이 커질수록 수수료율이 낮아지는 방식이다.

반면 숨고는 서비스를 요청하는 고객(요청자)이 자신에게 필요한 서비스를 올려놓으면 전문가가 이를 확인하고 요청자에게 견적서를

---

38 최근에는 이들 플랫폼의 사용자가 급증하면서 종류와 기능이 다양해지고 있어 이 책이 출간될 시점에서는 세부적인 기능 등이 달라질 수 있음을 미리 밝힌다.
39 이데일리, 〈내 주변 숨은 고수 연결하는 숨고, 320억 시리즈C 투자 유치〉, 2021.6.14.

발송하는데, 견적서를 발송하기 위해서는 일정 금액을 지불해야 한다. 즉, 실제 거래가 발생하지 않아도 금액을 지불해야 한다.

크몽과 숨고 모두 제공하는 서비스를 소개하는 프로필 작성이 상당히 중요하다. 전문 분야와 강점, 그리고 제공할 수 있는 서비스 영역 등을 상세하게 소개해야 하며 필요한 경우 SNS와 연동시키거나 포트폴리오를 로딩할 수도 있다. 또한 고객의 후기와 리뷰 관리에도 신경을 써야 한다.

재능과 경험을 콘텐츠로 만드는 곳 – 클래스101, 유사 온라인 클래스

유튜브가 대세로 자리 잡으면서 웬만한 정보나 기술은 유튜브로 습득하는 시대가 되었다. 그래도 유튜브에서는 접하기 힘든, 깊이 있고 특별한 노하우를 배우고 싶다면? 그럴 때 찾는 곳이 바로 온라인 클래스를 제공하는 플랫폼이다.

가장 대표적인 주자가 클래스101이다. 클래스101에는 유명 유튜버 신사임당이 '스마트 스토어로 월 100만 원 만들기'라는 클래스를 개설하면서 더욱 유명해졌다. 유명 유튜버의 살아 있는 노하우를 매월 3만 원이라는 합리적인 가격으로, 언제 어디서든 배울 수 있다는 건 아주 매력적이다. 이 외에도 클래스101에서는 최근 주목받고 있는 다양한 분야의 콘텐츠들을 부담 없는 가격으로 수강할 수 있다.

비록 유명 유튜버가 아니라고 할지라도 자기만의 노하우만 있다면 언제든지 클래스101의 크리에이터가 될 수 있다. 다만 클래스101의 크리에이터가 되기 위해서는 수요 조사 등의 과정을 거쳐야 한다.

클래스101의 콘텐츠를 제작하는 방법에는 두 가지가 있는데 직접 제작하는 방법과 클래스101 측에 촬영을 의뢰하는 방법이다. 직접 제작하는 쪽이 수익이 훨씬 높지만 시간과 노력이 많이 걸린다는 단점이 있다. 클래스101의 크리에이터로 참여하면 홍보와 마케팅을 대행해주기에 부담이 덜하지만 점점 경쟁이 치열해지고 있어서 자기만의 독보적인 콘텐츠가 있어야 한다. 또한 강의 개설 신청에서 실제 개설까지 2~3개월 정도가 소요되며 직접 제작하는 경우 초기 노력도 많이 필요하다는 점을 기억하자.

한편 클래스101 외에도 온라인 클래스를 제공하는 플랫폼들이 늘어나고 있다. 탈잉을 비롯해 패스트캠퍼스, 바이블ViBLE 등 다양한 플랫폼들이 생겨났다. 나는 패스트캠퍼스에서 실무에 필요한 다양한 지식과 스킬들을 익히고 있는데, 특히 IT와 데이터 활용 분야에 강점이 있음을 느낀다. 탈잉은 실무 지식보다는 취미나 여가를 즐기기 위한 콘텐츠들을 중심으로 운영되고 있으며, 바이블은 각 분야 마스터들의 이야기를 넷플릭스와 같이 매월 정액제로 들을 수 있다는 장점이 있다.

이처럼 각 플랫폼의 특성과 자신이 제공할 수 있는 콘텐츠를 잘 이해한 다음 자신에게 적합한 플랫폼을 선택해 참여해보자. 크몽이나 숨고 등의 플랫폼을 활용하는 것보다 시간과 노력이 많이 소요되지만 그만큼 보상도 클 뿐 아니라 리브랜딩에도 많은 도움이 된다.

돈이 없어도 아이디어를 제품화할 수 있는 곳 – 와디즈, 텀블벅

과거엔 아이디어가 있어도 자금이 없어서 제품을 만들지 못했지만, 이제 그런 변명은 통하지 않는다. 크라우드 펀딩 플랫폼이 있기 때문이다. 크라우드 펀딩이란 온라인 후원금이라고 생각하면 된다. 일반 개인 사업자는 물론, 독립출판사나 영화 제작사까지 다양한 생산자들이 활용하고 있다. 고객 입장에서도 판에 박힌 물건보다는 개성 있는 한정판 물건을 살 수 있다는 욕구를 채울 수 있어 더욱 인기를 얻고 있다.

크라우드 펀딩 플랫폼의 대표 주자는 와디즈와 텀블벅이다. 와디즈는 2022년 1월까지 모금 금액이 5,722억에 이르는[40], 국내 최대 규모의 크라우드 펀딩 규모를 자랑한다. 초기에는 주로 전자기기 펀딩이 중심이었으나 현재는 무형 콘텐츠 등으로도 확장되고 있다.

텀블벅의 경우 문화 예술 관련 프로젝트 중심으로 펀딩이 진행되었으나 최근에는 IT 스타트업 등으로 확대되고 있다.

크라우드 펀딩 역시 프로젝트 제안 후 일종의 심사를 거친 다음에야 프로젝트를 진행할 수 있다. 이때 차별화된 제품에 스토리를 덧입혀 최대한 매력적으로 보일 수 있도록 해야 한다. 고객으로부터 후원을 받는 기간은 참여자가 직접 설정할 수 있으며, 펀딩 중에는 직접 SNS 등 개인 계정으로 적극적으로 홍보를 해야 한다.

---

40 자사 홈페이지 기준

현실적인 비즈니스 모델을 설계하는 법

현대인들은 미술품을 감상하기 위해 작가의 개인 전시회를 방문한다. 전시회에서는 단순히 작품만 감상하는 게 아니라 마음에 드는 작품을 구매하기도 한다. 오늘날에는 너무나 당연한 상식이지만, 사실 1799년 다비드가 파리에서 최초의 개인 전시회를 열기 전까지는 상상도 못 할 일이었다. 그전에는 아무리 유명한 작가라도 후견인의 후원을 받아야만 작품 활동을 할 수 있었다.

(화가들은 다소 기분이 나쁠 수 있겠지만) 화가들의 작품 활동을 '수익 창출'의 관점으로 생각해보자. 그러면 다비드의 방식은 개인전 모델이라고 할 수 있을 것이고 다비드 이전의 방식은 후견인 모델이라고 할 수 있다.[41]

후견인 모델의 경우, 고객은 오로지 후견인 한 명뿐이므로 전적으로 후견인의 입맛에 맞춰야만 한다. 역사상 최고의 천재라고 불리는 레오나르도 다빈치조차 후견인의 취향에 맞춰서 그림을 그려야 했다. 반면 전시회 모델에서는 작가가 마음대로 그릴 수는 있지만 수많은 대중의 취향을 고려하지 않으면 실패하게 된다.

후견인 모델 또는 전시회 모델은 오늘날의 비즈니스 모델과 본질적으로 동일하다. 고객이 누구이며 어떤 방식으로 수익을 창출할 것인

---

41 본 사례는 《101가지 비즈니스 모델 이야기》(남대일·김주희·정지혜·정혜민·이계원 저, 한스미디어, 2020) 서문에 나오는 사례를 참조했다.

지 결정하는 문제이기 때문이다. 그러므로 비즈니스 모델을 너무 어렵게 생각할 필요는 없다. 학자들은 비즈니스 모델을 매우 이해하기 어렵게 정의했지만, 비즈니스 모델이란 '누구를 대상으로, 어떤 자원을 활용해서, 어떤 방식으로 수익을 창출할 것인지 단순하고 명확하게 보여주는 설계도'라고 생각하면 된다.

비즈니스 모델은 비즈니스 영역 외에 우리 삶에도 충분히 적용 가능하다. 더구나 우리 모두는 매월 정기적인 급여를 받는 '직장인 모델'에서 벗어나 스스로 독립해야 하는 '기업가 모델'로 전환해야 하는 때를 언젠가는 맞이한다. 자기만의 기업가 모델을 마련해두지 않으면 노후 빈곤을 맞이할 가능성이 크다. 그래서 우리는 하루라도 빨리 스스로를 객관적으로 파악하여 자기 삶을 위한 비즈니스 모델을 구축해놓아야 한다.

비즈니스 모델은 업종이나 분야, 제공하는 서비스의 종류, 수익 창출의 방식에 따라 수많은 유형으로 나뉜다. 최근에는 앞서 살펴본 각종 플랫폼과 같이 플랫폼을 제공하여 중개 수수료를 얻는 방식이 각광받고 있다. 또한 웅진코웨이와 같이 정수기 등의 제품을 대여 및 관리해주고 매월 정기적인 수익을 얻는 유형도 있으며, 링크드인처럼 구인·구직자를 연결해주는 매칭형 등 수많은 모델이 존재한다. 과연 우리 삶에는 어떤 비즈니스 모델이 필요할까?

비즈니스 모델 설계에 있어서 가장 먼저 할 일은 자신이 보유한 핵심 역량이 무엇인지 정의하는 일이다.

그다음으로는 그 역량을 필요로 하는 고객이 누구인지 정의하는 일이다. 고객이 누구인지 알아야 그 고객이 필요로 하는 걸 파악할 수 있다. 여러 개의 스타트업에서 근무한 경력이 있거나 스타트업 창업 후 엑시트(기업 공개)를 한 성과가 있어 이를 바탕으로 스타트업을 위한 투자 유치 컨설팅을 하려는 경우를 생각해보자. 이때 자신이 어떤 분야의 스타트업을 목표로 할 것인지, 어느 정도 규모의 스타트업을 고객으로 삼을 것인지 등 최대한 구체적으로 설정하는 것이 좋다.

역량과 고객을 설정했다면 이제는 자신의 역량으로 고객의 니즈를 맞춰줄 수 있는지, 그리고 그 과정에서 어떻게 수익을 얻을 것인지 설정해야 한다. 앞서 살펴본 투자 유치 컨설팅의 사례라면 어떤 방식으로 수수료를 받을 것인지, 어느 정도 금액의 수수료를 받을 것인지 구상해보는 것이다. 수익 구조를 설정하는 것이 비즈니스 모델의 핵심이므로 자신이 설정한 수익 구조가 현실적인지 끊임없이 고민하고 실험해야 한다.

핵심 역량과 고객, 그리고 수익 구조에 대한 설정을 완료했다면 그 과정에서 필요한 이해관계자가 누구인지 파악한다. 가령 자신이 가진 콘텐츠를 활용해서 책을 내거나 유튜브를 제작하는 등의 활동을 하고자 한다면 출판사와 유튜브 제작자가 이해관계자에 해당된다. 이해관계자 설정에 있어서 중요한 것은 수익 배분 문제다. 이들에게 어느 정도의 수익을, 어떤 방식으로 배분할 것인지 고민해야 한다. 당연히 수익 범위 내에서 지출할 수 있어야 하고, 그게 불가능하다면 어떻게 해야 이해관계자를 최소화할지 생각한다.

● 나만의 비즈니스 모델 설계 4단계

단계 자체는 단순하지만, 각각의 단계에서 최대한 현실성 있게, 객관적이며 구체적으로 고민해야 실행 가능하다는 점을 잊지 말자.

리액션
Re-Action

떠내려갈 것인가, 다시 도전할 것인가

지금 40대의 시간을 보내는 사람이라면 가수 강산에가 부른 '거꾸로 강을 거슬러 오르는 저 힘찬 연어들처럼'이라는 노래를 기억할 것이다. 그 노래의 가사처럼 우리는 연어들이 흐르는 강물을 거꾸로 거슬러 오르는 이유를 도무지 알 수가 없다. 마찬가지로 왜 우리가 인생을 이토록 처절하게 살아가야 하는지 도무지 알 수 없을 때도 많다. 그냥 삶이 이미 주어져 있기 때문에 하는 수 없이 살아야 한다고 체념하고 사는 경우가 대부분이다. 하지만 우리는 이 말을 기억해야 한다.

'생각대로 살지 않으면 사는 대로 생각하게 된다.'

대부분의 사람들은 이 말의 초점이 '생각'에 있다고 말한다. 하지만 나는 그렇게 보지 않는다. 왜냐하면 생각은 행동으로 이어지지 않으면 아무런 의미가 없기 때문이다. 결국 생각한 대로 행동해야 원하는 삶을 살 수 있고, 그렇지 않으면 원하지도 않았던 삶이 오히려 자신을 선택하게 되어 평생 원하지도 않는 행동을 하며 살아야 한다. 이 얼마나 끔찍한 일인가? 이런 인생을 살지 않기 위해서 우리에게 필요한 건 바로 '행동'이다.

세계 최강의 부대를 뽑으라면 단연 미국의 네이비씰Navy SEAL일 것이다. 그중에서도 브루저 기동대는 이라크 전쟁에서도 가장 치열했던 라마디 전투에 깊이 참여한 핵심 전력이었다. 그 부대를 이끈 지휘관이었던 조코 윌링크Jocko Willink와 레이프 바빈Leif Babin이 쓴《네이비씰 승리의 기술》[42]에는 저격수의 총알이 언제 머리에 박힐지 모르는 긴박한 상황에서도 임무를 수행해야 하는 처절한 전투의 현장이 고스란히 담겨 있다. 두 저자는 치열한 전투는 네이비씰만 하는 게 아니며 우리 모두가 각자의 전쟁을 치르고 있다고 한다.

전투에서 승리하는 방법은 다양하지만, 가장 중요하면서 부정할 수 없는 사실은 전투의 현장에서는 행동하지 않고 우물쭈물하면 적의 총탄에 쓰러질 수밖에 없다는 것이다. 우리가 치르고 있는 각자의 전쟁에서도 마찬가지다. 움직이지 않으면 삶에 휩쓸려 쓰러질 수밖에 없다.

그렇다고 우리가 늘 삶의 전장에서 승리할 수만은 없다. 언제나 제대로 된 판단을 내릴 수도 없으며 때로는 생각지도 못한 상황이 닥쳐

---

42 조코 윌링크·레이프 바빈 저, 최규민 역, 메이븐, 2019.8.12.

오기도 한다. 40대가 되도록 제대로 된 좌절 한 번 해보지 않은 사람이 있을까? 예상치 못한 상황으로 인한 사업 실패, 믿었던 친구의 배신, 배우자와의 이혼이나 사별 등등 전혀 예상치 못했던 일들로 우리는 언제든지 쓰러질 수 있다. 이런 일들은 누구에게나 닥칠 수 있지만 그 후의 모습은 각기 다르다. 누군가는 다시 일어나서 적극적으로 행동하는 반면, 누군가는 필요한 조치는커녕 그냥 손을 놔버린다. 이후의 인생이 어떻게 달라질지는 굳이 말하지 않아도 잘 알 수 있다. 그러므로 인생에서 중요한 건 어떤 상황을 맞게 될지 예측하는 것이 아니라 어떤 상황이 오더라도 툭툭 털고 일어나 '다시' 행동하는 것이다.

그래서 마지막 솔루션을 '리액션Re-Action'으로 정했다. 원래 Reaction의 뜻은 '반응하다'라는 뜻이지만 여기서 말하는 'Re-Action'은 인생에서 어떤 일이 닥치더라도 적극적으로 '반응'하며 '다시' 행동해야 한다는 뜻을 담았다.

리액션에서는 두 가지 메시지를 전달하고자 한다. 첫 번째는 가벼워야 한다는 것이다. 처음부터 무리한 목표를 정하면 움직이기 부담스러울 뿐만 아니라 성과를 이뤄내기 힘들다. 대신 충분히 이룰 수 있는 가벼운 목표를 설정해 조금씩 꾸준하게 이뤄나가며 성공에 익숙해질 필요가 있다.

두 번째는 이 책에서 소개된 방법들을 각자의 삶에 맞게 적용하여 나만의 스타일로 재창조하는 것이다. 40대에게는 저마다 쌓아온 삶의 방식들이 있다. 그것을 억지로 바꾸기보다는 자신의 삶에 맞게 창조적으로 적용해나가야 성공할 가능성도 높아진다.

이 두 가지에 초점을 맞추면서 '다시 행동할 수 있는 힘'을 길러보
도록 하자.

작게, 조금씩, 꾸준하게

현재, 그러니까 2020년대의 부자를 상징하는 인물을 뽑으라면 나
는 단연 크리에이터 신사임당을 뽑을 것이다. 그는 우리나라의 전통적
인 부자와는 다르게 유튜브와 스마트 스토어라는 새로운 매체를 활용
해, 큰 투자 없이도 부를 쌓는 방법을 전파하고 있다. 그는 디지털 세
상에서는 큰 위험 부담 없이 전 세계를 상대로 비즈니스를 할 수 있으
므로 '단군 이래 돈 벌기 가장 좋은 시대'라고 강조한다. 그럼에도 그
가 말하는 걸 실제로 행동에 옮기는 사람들은 그리 많지 않다.

대부분의 사람들은 실제로 행동하기도 전에 이미 그 일이 왜 실패
할 수밖에 없는가라는 생각부터 한다. 행동에 옮겨야겠다고 결심하다
가도 실제 행동까지 가지는 않고 결심에서 그치는 경우도 많다. 실제
로 행동에 옮겼다 하더라도 진득하게 오래 실천하기보다는 몇 번 해보
다가 금세 포기해버리고 만다. 99%의 사람들은 이 세 가지 패턴에 갇
힌 채 다람쥐 쳇바퀴 돌 듯 그저 그런 인생의 틀을 벗어나지 못한다.

가슴에 손을 얹고 생각해보자. 40년이 넘는 시간 동안 나 역시 그
런 패턴에 갇혀 있는 건 아닌지. 물론 선택과 행동은 신중해야 한다.

남의 말만 듣고 함부로 인생을 건 모험을 하는 것 역시 현명한 태도는 아니다. 그렇지만 이 답답한 현실을 벗어나기 위해서는 반드시 끈질긴 시도를 해야만 한다.

앞서 밝혔던 것처럼 나는 20대와 30대에 성공보다는 실패를 더 많이 겪으면서 실패에 익숙해져버린 적이 있었다. 나는 무슨 일을 해도 안 되는 사람이라는 생각에 젖어 위축된 시간을 보내던 시절이었다. 하지만 어느 순간 그런 프레임에서 벗어나지 못하면 평생 루저로 살 거라는 생각이 들어 정신이 번쩍 들었다. 그 이후 상당히 오랜 시간 동안 내가 실패할 수밖에 없었던 원인을 파악해보려 노력했다. 고통스럽게 과거를 되돌아본 결과, 끈기가 부족했다는 결론을 내릴 수 있었다. 끈기가 부족했던 이유는 처음부터 너무 큰 목표를 잡고 한 번에 이뤄내려고 무리를 했기 때문이었다. 몸도 풀리지 않은 상태에서 무리를 해버리니 무슨 일이든 오래 지속하기 힘들었던 것이다.

사실 성공의 원리는 굉장히 단순하다. 일단 계획한 일을 시작하고 그 일이 성공할 때까지 지속적으로 실행해나가는 것. 그런데 왜 대부분의 사람들은 이 단순한 원리를 실행하지 못하고 도중에 포기해버리는 걸까? 어떻게 해야 우리는 좌절하지 않고 끝까지 일을 이뤄낼 수 있을까? 방법은 간단하다. 그것은 바로 충분히 이뤄낼 수 있는 목표를 설정한 다음 이를 주기적으로 관리하면서 조금씩 성공으로 나가는 것이다.

새해가 되면 많은 이들이 3대 다짐을 한다. 독서, 다이어트, 영어

공부. 하지만 이 세 가지는 연말에 사람들을 좌절하게 만드는 3요소가 되어버린다. 왜 이런 일이 생기는 걸까? 바로 과도한 목표를 설정하여 첫 단추부터 잘못 끼웠을 뿐만 아니라 주기적으로 관리조차 하지 않아서다. 이런 일이 반복되면 좌절감만 쌓여 마침내는 포기하게 되는 것이다.

하지만 처음부터 욕심을 버리고 내가 충분히 이룰 수 있는 목표량을 설정한 다음 주기적으로 목표 달성 여부를 점검하면 어떨까? 예를 들면 일주일에 한 권씩 책을 읽겠다는 목표를 설정한다고 가정해보자. 이를 위해선 하루에 30페이지 이상을 읽어야 하는데 여기에는 최소 한 시간 이상 소요된다. 하루에 한 시간씩 책을 읽는다는 건 직장인에겐 사실상 불가능한 일이다. 하지만 기간을 한 달로 늘린 다음 일주일에 70페이지씩 읽는다는 목표를 설정한다면 어떻게 될까? 그러면 하루에 10페이지씩, 20분 정도의 시간만 쓰면 된다. 그냥 잠들기 전에 잠깐씩 읽기만 해도 충분히 목표를 달성할 수 있다. 이처럼 충분히 달성 가능한 목표를 세운 다음 일주일에 한 번씩 목표 달성 여부를 점검한다. 이 과정을 통해 어느 정도의 자신감이 쌓이거나 습관이 형성되면 조금씩 목표량을 늘리기 시작한다.

목표를 실행 가능한 수준으로 잡는 것은 목표 행동을 습관화하는 데도 도움이 되지만, 그 과정에서 성공에 익숙해진다는 점에서 매우 유의미하다. 아무리 작은 일이라도 성공하는 데 익숙해지면 자연스럽게 자신감이 넘치게 되고 그 자신감은 우리가 더욱 노력할 수 있게 해주는 원동력이 된다.

이제부터는 무슨 일이든 욕심을 버리고 작게 조금씩 목표를 설정해보자. 앞에서 소개한 방법들을 한꺼번에 이루려고 욕심을 부리지는 말자. 가벼운 마음으로 할 수 있는 것들부터 시작해보자. 책을 출간하기 위해 매일 2페이지씩 원고를 꾸준히 쓰고, 나만의 콘텐츠 허브를 구축하기 위해 나의 전문 분야에 대한 노하우를 리스트업하는 것이다. 내가 충분히 잘할 수 있는 범위 내에서 조금씩 이뤄나가는 것이 중요하다.

목표를 설정한 다음에는 주기적으로 목표 달성 여부를 관리해야 한다. 삼 일에 한 번씩, 또는 일주일에 한 번씩 등 너무 길지 않은 주기를 설정해 끊임없이 점검한다. 만약 달성하지 못했다면 다시 시작하면 된다. 이때 좌절은 금물이다. 다시 강조하지만 작은 성공을 거듭하며 성공에 익숙해지는 것이 가장 중요하다. 성공에 익숙해져야 자신감이 쌓이면서 다시 실행할 수 있는 힘을 얻을 수 있다.

배우고, 써먹고, 창조하라

지금까지 품격 있는 40대를 맞이하기 위한 다양한 방법들을 살펴보았다. 40대에게 펼쳐질 다양한 인생 시나리오를 미리 보면서 품격 있는 삶의 중요성을 알아보았고, 나의 핵심 역량이 무엇인지 진단하여 이를 자본화할 수 있는 방법도 살펴보았다. 그리고 불균형한 품격을 조정해 40대 이후의 삶을 재건하는 다섯 가지의 솔루션들을 소개했다.

최선을 다해 이런 과정을 소개했지만, 나는 이 방법들이 절대적이지는 않다고 생각한다. 우리는 저마다 라이프스타일이 다르며 각자의 성격과 취향, 건강 상태 등이 다르기 때문에 모두에게 적용 가능한 절대적인 방법이란 존재할 수가 없다. 특히 40대에게는 지금까지 쌓아온 저마다의 삶의 방식이 있으므로 그걸 부정하면서까지 내가 제시한 방법을 강요할 수는 없다. 그저 각자가 자신에게 맞는 방식으로 적용하면서 각자만의 방식으로 창조해나가야 한다. 40대의 원숙한 지혜란 바로 이런 것이다.

중요한 것은 스스로를 제대로 이해하고 변화에 적응해나가고자 하는 의지이다. 서울대병원 정신건강의학과 교수인 윤대현 박사와 맥킨지에서 리더십 센터장을 역임한 장은지 대표는 《리더를 위한 멘탈수업》[43]에서 리더에게 필요한 첫 번째 덕목으로 자신의 내면에 귀 기울이는 자기인식을 꼽았다. 리더의 자리에 오른 사람은 자신의 모습을 되돌아보고 냉철하게 판단할 시간을 가져야 하는 것이다.

우리도 각자의 삶을 스스로 주도해나가기 위해서는 스스로를 되돌아보는 자기인식의 시간을 가져야 한다. 나는 지금 어디로 가고 있으며, 나에게 지금 필요한 것이 무엇인지 깨닫는 것이 중요하다. 이 책을 읽는 시간이 자기인식의 시간이 되었으면 하는 마음이 크다. 자기인식

---

43 윤대현·장은지 저, 인플루엔셜, 2021.10.20.

의 바탕 위에서 책이 제시한 방법들을 흡수한 다음 자기만의 방식으로 활용하고 재창조하자.

예컨대 40대에 자신을 리브랜딩하기 위해서는 본인이 걸어온 궤적을 깊이 들여다볼 필요가 있다. 그러면서 나만의 컨셉을 발견하고 브랜드를 창조해나가야 한다. 이러한 과정은 누가 일일이 코칭해준다고 해서 가능한 일이 아니다. 스스로 배우고 적용하면서 나름대로의 방식으로 '나'라는 브랜드를 창조해나가는 수밖에 없다.

이처럼 자기인식을 바탕으로 삶을 창조하다 보면 그 어떤 변화에도 적응할 수 있다. 자기인식을 위해 자신을 구체적으로 들여다본 사람은 변화에 적응하기 위해 나에게 필요한 것이 무엇인지, 무엇을 해야 하는지 파악하는 일에 익숙하기 때문이다. 오히려 자기만의 방식을 만들어나가며 창조적으로 변화를 선도할 수 있다.

그러므로 자기인식의 바탕 위에서 지금까지 읽은 것들을 내 삶에 맞게 써먹어보고 나만의 방식으로 새롭게 창조하자.

마흔이 감당하지 못할
세상은 없다

자, 이제 다시 우리의 현실로 돌아와보자. 지금 당신은 희망퇴직 권고를 받고 있을 수도 있으며, 직장 자체가 사라져 일할 곳이 없을 수도 있고, 오래 지속된 코로나19로 인해 운영하던 사업체를 접어야 하는 상황에 직면해 있을지도 모른다. 그런 상황 속에서 당장 어떻게 행동해야 할까?

사실 생계를 위한 생존의 문제는 그 누구도 대신 감당해줄 수 있는 문제가 아니다. 오롯이 혼자 짊어져야 하는 삶의 숙제와도 같다. 때로는 서럽고 외로우며 왜 나한테만 이런 일이 생길까 하는 생각에 가슴 깊은 곳에서 원망이 올라오기도 한다. 하지만 우리는 기억해야 한다. 우리는 모두 지금보다 더한 일들을 겪으며 마흔이 되었다는 사실을. 대학을 졸업하고 사회에 진출하려던 시기에 IMF를 맞았으며, 한창 일할 때인 2008년에는 금융 위기를 맞았다. 마흔이 넘어 이제야 좀 안정된 생활을 하나 싶었는데 코로나19라는 거대한 재앙이 닥쳐왔다. 그럼에도 우리는 그 모든 걸 감당하며 오늘 이 자리에 서 있다.

앞으로의 시간도 마찬가지일 것이다. 인생은 언제나 우리를 괴롭힐 테지만 그 역시 우리는 어떤 방식으로든 견뎌낼 것이다. 마흔이 될 때까지 겪었던 무수히 많은 상처들이 오히려 우리를 단단하게 만들어줬기 때문이다. 그런 단단함이 마흔의 특권이자 품격이 아닐까? 나는 마흔이 감당하지 못할 세상은 존재하지 않는다고 생각한다. 그러므로 오늘을 견디며 다시 한번 미래를 향한 발걸음을 옮겨보자.

2년에 걸쳐 써왔던 원고를 마무리하면서 어떻게 해야 멋지게 마침표를 찍을 수 있을까 고민하며 밤새 수많은 문장을 썼다 지웠다. 그러는 사이 어느새 창밖으로 해가 뜨고 있었다. 떠오르는 해가 밤새도록 나를 괴롭혔던 걱정과 고민의 그림자를 밀어내주는 것 같았다. 우리의 삶도 마찬가지라는 생각이 들었다. 결국 내일은 내일의 해가 뜬다. 고민과 걱정을 부정하진 않되 그것들이 주는 어두운 그림자는 매일 아침마다 밀어내버리는 건 어떨까?

한편 이 책이 탄생하기까지 도움을 준 많은 이들에게 감사를 드리고 싶다. 이 책을 위해 자신의 이야기를 기꺼이 드러내준 많은 사람들 덕분에 이 책은 생명력을 얻을 수 있었다. 모두 익명으로 소개되었지만 나는 그들과 함께 이 책을 썼다고 생각한다. 모든 이들에게 다시 한번 고개를 숙여 감사드린다.

그리고 이 책의 추천사를 써주신 삼성전자 커리어센터의 김석란 이사님께도 감사를 드리고 싶다. 바쁘신 와중에도 흔쾌히 수락해주신 이사님께 이 자리를 빌려 감사를 전한다. 무엇보다 투박한 원고를 다

듬어 멋진 책으로 만들어주신 에디토리 식구들에게도 감사를, 아니 찬사를 보내고 싶다. 그야말로 최고의 전문가들이다. 마지막으로 아내와 두 딸에게 감사를 전한다. 얘들아, 이제 아빠랑 자주 놀러 다니자.

40부터는 무엇이 나를 살아남게 하는가

마흔의 품격

초판 1쇄 인쇄 2022년 4월 27일
초판 1쇄 발행 2022년 5월 12일

지은이	김철영
펴낸이	변민아
편집인	박지선, 서슬기
마케터	유인철
디자인	디자인 잔
인쇄	책과6펜스(안준용)
펴낸곳	에디토리
출판등록	2019년 2월 1일 제409-2019-000012호
주소	경기도 김포시 김포대로 839, 204호
전화	031-991-4775 │ 팩스 031-8057-6631
홈페이지	www.editory.co.kr
이메일	editory@editory.co.kr
인스타그램	@editory_official

ⓒ 김철영, 2022

ISBN 979-11-976978-3-8 (03190)

판형 152x215mm │ **표지종이** 아르떼 울트라화이트 210g │ **본문종이** 미색모조 100g
제본방식 무선제본 │ **표지후가공** 써멀무광라미네이팅, 부분 에폭시